W0233579

Cornelius Lange, Fabian Lange

WEIN
EINFACH

Cornelius Lange, Fabian Lange

WEIN
EINFACH

 Hallwag

Inhalt

Was »Wein einfach« will

Wir wissen, wie es sich anfühlt, wenn man vor den Weinregalen im Supermarkt steht. Wir kennen den Moment im Restaurant, wenn man versucht, eine Flasche aus der Weinkarte zu wählen. Das eine macht ratlos, das andere kann wahnsinnig peinlich sein. Das muss aber nicht so bleiben.

Der Wein hat uns auch wunderbare Glücksmomente geschenkt, er hat unser Leben bereichert und spannender gemacht. Durch ihn haben wir viele interessante Länder und Menschen kennen gelernt. Mit unserem Buch möchten wir dir die Summe unserer Erfahrungen anbieten, damit du schnell und mit mehr Spaß zur echten Weinpersönlichkeit wirst. Das will »Wein einfach«!

Cornelius und Fabian

Was ist Wein?

Wein ist …

… eine Lösung von Alkohol in Wasser und etwa 20 bis 30 Gramm pro Liter anderer Substanzen – darunter ein paar hundert verschiedene Aroma- und Geschmacksstoffe

sagt der Chemiker

…mein Beruf

sagt der Winzer

…Geschichte, die man schmecken kann

sagt der Historiker

…Zwang!

sagt der Karnevalspräsident

…ein alkoholisches Getränk, das durch Gärung aus dem Saft der Beeren von Weinreben gewonnen wird

sagt das Gesetz

... in Maßen gesund

sagt der Arzt

... eine Verbindung
zwischen Kosmos und Erde

sagt der Mystiker

... viel zu schade, um
getrunken zu werden

sagt der Sammler

... eine sichere Investition
sagt der Weinberater

... ein Werk des Teufels
sagt der Prohibitionist

... Alkohol.
Hamse was getrunken?
fragt der Polizist

... ein Gefühl

sagen wir

• • •

sagst du

Was wären wir ohne dich?

Wir trinken Wein am liebsten mit Menschen, die uns am Herzen liegen. Mit Freunden. Dieses Buch haben wir für Freunde geschrieben, für Menschen, die uns wichtig sind, weil wir gemeinsam mit ihnen eine Weinwelt erleben, teilen und genießen möchten, die uns fasziniert. Wir wollen sie erhalten, weil sie wertvoll und von einzigartiger Schönheit ist. Dazu brauchen wir dich. Schön, dass du da bist. Herzlich willkommen in der herrlichen, spannenden, schillernden, berauschenden, unendlichen Welt des Weins!

Ich bin für euch alle da!

Diese Welt steckt voller Abenteuer. Sie ist geheimnisvoll und abwechslungsreich. Wein wird in vielen Regionen unserer Erde angebaut, sogar in Ländern, die man mit Weinbau überhaupt nicht in Verbindung bringen würde – China zum Beispiel. Bis vor ein paar Jahrzehnten war die Weinwelt noch ziemlich klein und übersichtlich. Sie beschränkte sich fast ausschließlich auf die klassischen Regionen Europas – Frankreich, Italien, Deutschland. Erst in unserer jüngsten Geschichte, im Zeitalter der Globalisierung, ist der Wein zu einem Phänomen geworden, das überall auf der Welt seine Spuren hinterlässt, sodass uns heute ein unüberschaubares Angebot zur Verfügung steht. Wein wird von immer mehr Menschen als ein Ausdruck von Genuss und Lebensfreude entdeckt, quer durch alle Gesellschafts- und Einkommensschichten. Durch den Prozess der Demokratisierung des Weins ist aus dem Luxusgut ein Alltagsgetränk geworden. Endlich!

Mutterseelenallein

Dabei hat sich nicht nur das Angebot verändert, sondern auch die Information über Wein und der Umgang mit ihm. Wir alle wissen heute mehr über Wein als je zuvor. Das ist gut so, denn freie Information ist die wichtigste Voraussetzung für allgemeinen, gerechten und guten Genuss. Wir sollten diese wunderbaren Möglichkeiten nutzen. Die neue Vielfalt hat allerdings auch Schattenseiten. Die Fülle des Angebots ist oft unübersichtlich, denn in der schönen neuen Weinwelt werden Weine aus allen nur denkbaren Ecken der Erde in den Regalen präsentiert.

Manche Weinfreunde wenden zum Teil bizarre Techniken an, um sich im Konsumdschungel nicht vollends zu verirren. Zum Beispiel das *Wine Zapping*. Wir nennen es planlose Herumtrinkerei, die von vielen als Waffe gegen das Chaos verwendet wird.

Heute ein Wein aus Australien, morgen einer aus Südafrika. Nächsten Sonntag Chile. Dann Sardinien. Dann Sachsen. Und so weiter. Diesem Verhalten liegt der Glaube zugrunde, dass man sich einen guten Überblick verschaffen kann, wenn man nur alles tapfer probiert. Meistens geht dieses Konzept nicht auf und die Verlorenen treiben weiter auf dem großen Weinsee herum.

Bin ich gut oder schlecht?
Bin ich das Geld wert?
Bin ich Blender oder Bringer?

Das sind die Fragen, die dir der Wein stellt. Wenn du noch keine Antworten gefunden hast – oder nicht die passenden –, kann es durchaus passieren, dass du schlechten Wein für gut hältst. Oder umgekehrt. Du hast das mulmige Gefühl, dass mit dem Wein, den du gerade trinkst, etwas nicht so ist, wie es sein sollte. Du kannst es ahnen, vielleicht auch spüren, aber nicht richtig begründen. Wir beschreiben diese Situation hier so ausführlich, weil alle, die den Wein lieb gewonnen haben, durch dieses Stadium gegangen sind. Es ist die erste Stufe auf der Weinleiter, die in den Himmel führt. Du kannst sie nicht überspringen, aber versuchen, so kurz wie möglich auf ihr zu verweilen.

Wie du auf die nächste Stufe kommst?
Du solltest den Schlüssel drehen, der die Tür zum Ziel noch verschlossen hält. Das Schlüsselwort heißt Kommunikation. Um Wein zu verstehen, muss man reden. Und um über ihn zu reden, braucht man die richtigen Worte. Wir sind keine Weinmacher, wir sind Journalisten. Wir bieten dir Worte als Ware, sichere Informationen, die du brauchst, um ein Wörtchen mitreden zu können.

Wein ist nicht kompliziert
Eigentlich ist er ganz einfach. Alles, was du zur Orientierung brauchst, ist ein Koordinatensystem, quasi ein GPS für Wein. Hier kommt es, du hältst es in der Hand. Und auch wenn du es vielleicht nicht glaubst: Du weißt schon viel mehr über Wein, als du denkst. Am besten, du schnappst dir jetzt eine Flasche, von der du annimmst, sie sei gut. Schenk dir ein. Setz dich hin und lies!

Die wichtigste Weinregel

Wein aus guten Gläsern

Sie sind das Präzisionswerkzeug, richtige
Vergrößerungsgläser. Mit ihnen kannst
du alles aufspüren, was im Wein steckt.
Dick und schwer und bunt ist schlecht.
Leicht und filigran sollen deine Gläser sein
und große Kelche haben.

Die anderen wichtigsten Weinregeln

Mit Wein leben

Integriere den Wein in dein Leben. Wer nur einmal in der Woche eine Flasche öffnet,
dem bleiben die schönsten Erlebnisse, die uns der Wein schenken kann, verborgen.
Trink Wein zum Essen, mit Freunden. Aber nicht zum Fernsehen.

Vergleichen

Eine Flasche nach der anderen zu trinken ist gut. Zwei Sorten gleichzeitig zu probieren
aber viel besser. Nutze jede Gelegenheit, Weine direkt miteinander zu vergleichen.
Auch zu Hause. Zwei Flaschen öffnen, probieren, nachdenken. Was du nicht schaffst,
hält sich tagelang im Kühlschrank. Wein ist längst nicht so empfindlich, wie allgemein
angenommen wird.

Für Wein Geld ausgeben

Wein kann teuer sein. Manchmal musst du über deinen Schatten springen. Geizhälse
haben noch nie Spaß mit Wein gehabt.

trinken!

Mehr kaufen als verbrauchen

Zuerst musst du mehr einlagern, als du trinkst. Das führt zu einem Vorrat. Später brauchst du nur noch so viel zu kaufen, wie du verbrauchst. Ein eigenes Weinlager hat den Vorteil, dass du besser für verschiedene Situationen gerüstet bist. Nach 22 Uhr zur Tankstelle zu fahren verursacht mehr Stress, als in den Keller zu gehen.

Süßer Wein macht keine Kopfschmerzen

Sonst müsste jede Cola eine Migräneattacke der Extraklasse auslösen. Kopfschmerzen nach Weingenuss entstehen durch übermäßigen Konsum. Vor allem, wenn man zu wenig Wasser trinkt.

Alter Wein ist nicht besser als junger Wein

Ein guter Wein schmeckt immer gut. Er kann durch Lagerung besser werden, muss aber nicht. Ob dir die Veränderung des Weingeschmacks durch Alterungseinflüsse gefällt, ist eine Frage deines Geschmacks.

Wein trinken, der einem nicht schmeckt

Dies ist die wichtigste Regel der anderen wichtigsten Regeln. Denn nur wer sich auf Neues und Ungewisses einlässt, begegnet auch Neuem und Ungewissem. Die Erforschung des Unbekannten ist eine wichtige Quelle der Inspiration, Wissenserweiterung und Weisheit. Auch wenn du mit dem Ergebnis nicht einverstanden bist.

Napa Valley

Die zinnoberfarbenen Pylonen der Golden Gate Bridge sehen im Rückspiegel aus wie Streichhölzer. Wir sind auf dem Weg ins Sonoma Valley und noch steht die warme Spätherbstsonne gleißend am kalifornischen Himmel. Doch schon bald wird das Weiß um uns herum immer dichter, bis der Nebel schließlich alles schluckt. Beim Aussteigen kriecht feuchtkalte Luft an unseren Beinen hoch.

Ridge heißt unser Ziel – fünf Buchstaben einer Weinlegende. Ohne Serifen zieren sie die Etiketten. Und dann steht er vor uns, der Mann, dessen Weine uns um den halben Globus gelockt haben: Paul Draper. Mit lässig umgeworfenem Seidenschal kommt der Gründer von Ridge auf uns zu.

»Was ihr gerade live erlebt, ist unsere natürliche Aircondition. Ohne die Nebel vom Pazifik würden hier niemals so fruchtige Weine wachsen«, sagt er zur Begrüßung und bittet uns in das Innere seiner nagelneuen Winery.

Rüstige Rentner

Paul Draper stellt uns seine wichtigsten Mitarbeiter vor. Es sind die Zinfandel-Rebstöcke, die rund ums Weingut stehen. »Als ich angefangen habe, vor vierzig Jahren, sind wir hier in Lytton Springs und Geyserville auf Weinberge mit fast hundert Jahre alten Zinfandel-Rebstöcken gestoßen.«

Man muss wissen, dass für eine Rebe hundert Jahre ein biblisches Alter sind. Fast immer müssen sie früher dran glauben, dann nämlich, wenn ihr Ertrag nach dreißig, vierzig Jahren nachlässt oder sie Opfer von Trends werden, jenen kurzlebigen Weinmoden, die die Weinszene zyklisch alle paar Jahrzehnte heimsuchen, aufmischen und neu konfigurieren.

Auch in Kalifornien hat der Cabernet-, Merlot- und Chardonnay-Boom fast alle alten Rebbestände verdrängt. »Viele Winemaker hassen den Zin, weil seine Trauben nur ungleichmäßig reifen. Die meisten warten, bis alle Beeren reif sind, bekommen dann aber Weine mit fünfzehn oder sechzehn Prozent Alkohol.« Cabernet und Merlot sind zurzeit beliebt, weil sie leichter zu bändigen sind und höhere Preise erzielen, weil sie im Trend liegen.

Und warum müht sich Draper mit seinen ertragsschwachen Senioren ab? »Das ist ganz einfach«, sagt er. »Die alten Jungs suchen mit ihrem meterlangen Wurzelgeflecht ihr Glück in der Tiefe, um dort auch die letzte Feuchtigkeit aufzuspüren. Reben sind faul – bei künstlicher Bewässerung wachsen die Wurzeln nur an der Oberfläche, wo sie finden, was sie suchen. Aber an der Oberfläche hat noch keiner ein Geheimnis gelüftet.«

From Port to Pink

Drapers Vorliebe für Zin ist eine Ausnahme, schließlich macht die Sorte nicht nur Probleme bei der optimalen Traubenreife, sie ist auch eine Katastrophe hinsichtlich Image und Preis. Beides ist beim Wein eng miteinander verknüpft. Das hat seine Geschichte, war doch Zin immer der Wein für die kleinen Leute. Durch Genanalysen hat man festgestellt, dass der Zinfandel ursprünglich aus Kroatien stammt, wo die Sorte Crljenak genannt wird. Von dort eroberte er das süditalienische Apulien und wurde auf Primitivo umgetauft. *Primo* drückt aus, dass er eine früh reifende Sorte ist. Dank Einwanderern, die den Primitivo Ende des neunzehnten Jahrhunderts nach Kalifornien brachten, hat er die Weinberge seiner neuen Heimat unter dem Namen Zinfandel im großen Stil erobert. Doch dann folgte das Menetekel des amerikanischen Weinbaus: die

Prohibition. Den massiven Rodungen zwischen 1919 und 1932 entging der Zin dank seiner extrem süßen Trauben, die getrocknet als *Wine Bricks* verkauft wurden. Das waren Ziegel aus gepressten Rosinen, die mit dem Warnhinweis *Achtung! Verursacht aufgelöst in Wasser und Hefe eine alkoholische Gärung!* versehen wurden. Ja, wenn das so ist...

Nach dem Ende der Prohibition mussten sich die amerikanischen Weinfreunde ihren Wein nicht mehr in der Badewanne machen, sondern konnten ihren Zin wieder regulär als ein portweinartiges Getränk kaufen, das möglichst alkoholisch und süß sein musste. Den letzten Karriereknick bekam der Zin als *Blush*. Diesen Drink muss man sich als klebrig süßen Rosé vorstellen, der auf keiner Highschool-Abschlussparty fehlen durfte und den Teenagern als Initiationsgetränk in die Welt der Erwachsenen treue Dienste leistete. Bis zum Erbrechen.

Diese *Blends, from Port to Pink*, waren die sogenannten *Blue Collar Wines*, Weine für die kleinen Leute, die im Blaumann schuftende Arbeiterklasse. Sie wurden während der großen Revolution des kalifornischen Weinbaus in den 1980er-Jahren von den *White Collar Wines* verdrängt – Weine für Leute mit weißen Kragen, die saubere Jobs hatten und in klimatisierten Büros saßen. Sie waren aus den international bekannten Rebsorten Cabernet Sauvignon und Chardonnay gemacht und sorgten bei den genussorientierten Amerikanern der Oberklasse für kulturelle Kompetenz und ein viel besseres Image.

Das Zen des Zin

Paul Draper hat das Unmögliche trotzdem möglich gemacht. Nach der Devise *Und er trinkt sich doch!* begann er mit seinem Wein die Antithese zum ordinären Zin zu liefern. Bei ihm wachsen die Reben auf den Bergrücken, wo der Wind die Stöcke zaust und die kalte Luft ihnen das Mütchen kühlt. Die Trauben erntet Drapers Mannschaft oft erst Mitte November, was für kalifornische Verhältnisse extrem spät ist. In ihnen lodert die Glut Kaliforniens ebenso wie feine Säure, explosive Frucht und elegante Gerbstoffe.

Ein Schluck von Drapers Zin gleitet auf der Zunge dahin wie die samtgepolsterten Waggons des Orientexpress, während im mahagonigetäfelten Pullmann-Speisewagen der Tee serviert wird. Vierzig Dollar kostet eine Flasche. Für einen kalifornischen Spitzenwein ist das ein Schnäppchen. Achtzig, hundert oder auch zweihundertfünfzig Dollar sind bei seinen Kollegen für Weine aus Cabernet Sauvignon keine Seltenheit. »Damit mein Wein auch da hinkommt, wo er hingehört, nämlich zu denen, die ihn wirklich zu schätzen wissen, muss ich jedoch genau überlegen, an welchen Händler ich verkaufe. Die falschen Leute, und der Preis geht…« – seine Hand weist in Richtung Himmel – »… steil nach oben. Und dann landet er bei Typen, die ihn sich zwar ohne Weiteres leisten können, ihn am Ende aber mit Cola mischen.« Draper lacht nicht, für ihn ist das kein Witz. Er weiß, wovon er spricht.

Im Tal der Könige

Mittlerweile hat sich der Nebel verzogen und Sonnenstrahlen wärmen die knorrigen Steineichen auf den Hügeln Sonomas. Auf der anderen Seite liegt das Napa Valley. Dort geben praktisch nur noch die mondänen Rebsorten Cabernet Sauvignon, Merlot und Chardonnay den Ton an. Sie haben das Tal zu einer echten Goldgrube gemacht. Mit riesigen Lettern schließt es uns in die Arme: *Welcome to this world famous wine growing region!* Die Ernte ist längst vorbei und eine süßlich-schwere Melange aus Nebel, Hefe, gärendem Most und Eichenholz, ausgedünstet von Abertausenden Barriquefässern, hängt in der Luft. Das ist der Billion Dollar Strip, gesäumt von den Gedenkstätten des amerikanischen Weinwunders, das sich hier in den letzten dreißig Jahren ereignet hat: Dominus, Mondavi, Caymus, Opus One, Beringer, Coppola und wie die prominenten Weinikonen alle heißen.

Aber ohne 95, 96, 97, 98, 99 und 100 läuft hier nichts. Diese Zahlen sind keine Hausnummern, sondern die Leitwährung für *White Collar Wines*. Höchstnoten bekommen nur Exemplare, die geschmacklich leistungsmaximiert sind, ganz nach dem kalifornischen Lebensprinzip *Big is beautiful.* Genau wie die Queensize-Betten, Kingsize-Whirlpools, Hummer-Geländewagen und Toilettenspülungen mit der Leistungskraft der Niagarafälle.

Ungefähr in der Mitte des Napa Valley liegt das Anwesen von Darioush Khalid, dem mit weitem Abstand exzentrischsten Newcomer im Tal der Unbezahlbaren. »Gooooorgeous!« Nina, die Marketingdirektorin der Napa Valley Vintners Association, kiekst wie ein Teenie in Ekstase. »Wisst ihr, ich habe Darioushs Privatvilla gesehen, dagegen ist das hier ja fast schon gewöhnlich. Die ist einfach so... so riiiiesig, direkt am Pazifik, teeeerriffic, unglaublich, wirklich gooooorgeous!« Tim, der Managing Director der Darioush Winery, schenkt ihr ein breites Gewinnerlächeln und gibt dabei den Blick auf seine vom Rotwein getönten Zähne frei: »Thank you, Nina!« Dann führt er uns durch das Anwesen seines Brötchengebers, der seine Millionen mit einer Supermarktkette macht, die sich auf die Bedürfnisse der mexikanischen Bevölkerung Kaliforniens spezialisiert hat.

Nachdem er den Iran wegen der islamischen Revolution verlassen musste, hat ihn seine neue Heimat nicht enttäuscht. Zum Dank schenkt er Napa nun seinen persönlichen Traum eines Weinguts, das den überbordenden Stolz seines Erbauers in jeder Silikonfuge spüren lässt. Die Anlage ist eine pathetische Hommage an König Darius III., das Idol des großen Einzelhändlers. »Der Stein ist der gleiche, aus dem auch Persepolis erbaut worden ist. ER musste ihn über die Schweiz importieren.« Über die Schweiz? Tim zwinkert uns zu: »Na, wegen des Embargos.«

Schöne neue Weinwelt

Das Foyer aus Stein und Glas wird von einem riesigen Kamin aus zwei Skythen mit Pfeil und Bogen beherrscht, die einen schweren Sims mit Keilschrift tragen, eine Huldigung an Darius – oder an Darioush? Rechts davon reichlich Darioush-Andenken: Leopardenfellkissen, Leopardenfellhandtaschen, Leopardenfellhalstücher. Dazu reicht Tim uns ein Glas perfekt verholzten Chardonnay, dann geht es zum Privatgarten seines Chefs.

Für den Bruchteil einer Sekunde verdunkeln sich seine Gesichtszüge: »No pictures, please!« Er hebt den Zeigefinger. »Ihr dürft euch den Garten ansehen, aber das hier ist SEIN Privatgarten, verstanden?«

Also machen wir keine Fotos und steigen seinen Anweisungen gemäß über die Buchsbaumhecke im Versailles-Stil. Wenn jetzt die Security auftaucht, wird sie uns ohne Vorwarnung abknallen, so viel ist klar. Uns niederstrecken auf dem frisch verlegten Rollrasen, dessen Halme so kraftvoll federn wie ein vollgetankter Humvee auf einer irakischen Schlaglochpiste. Beim Gehen bleibt zwischen Boden und Schuhsohle ein gefühlter halber Meter, so sehr dämpft das satte, im ariden Klima perfekt gewässerte und im Marines-Stil geschorene Grünzeug unser Körpergewicht.

»Und denkt dran, noch vor zwei Jahren war hier nichts, *absolutely nothing!* Kein Olivenbaum...« – Tim zeigt uns einen zweihundert Jahre alten Import aus der Toskana –, »kein Palast...« – er deutet zum Portikus –, »kein Weingut und natürlich auch nicht das hier. Das haben wir nur IHM zu verdanken!«

Stolz hebt Tim seinen Kelch ins Licht, groß genug für den Heiligen Gral, gefüllt mit blickdichtem Wein. Shiraz ist die persische Heimatstadt von Darioush und der Wein aus der gleichnamigen Rebsorte natürlich auch der Lieblingswein des Tycoons. Würzige Holzaromen steigen in die Nase und krallen sich im Riechepitel fest. Im Mund macht es sich der Shiraz bequem wie ein Landsknecht im Lederwams, der seinen Rausch im Heu ausschläft. Und das für achtzig Dollar die Flasche.

Ein paar Schritte weiter, hinter dem Garten mit Myrrhe, Weihrauch und Granatapfel, warnt ein Hinweis die Minimum-Wages-Arbeitskräfte davor, den Tempel zu betreten: *No Employees behind this Line!*

Yes, We Can!

Unser nächstes Ziel in Napa ist das *National Heritage Project*, ein Außenposten der University of Davis. Mitten im Napa Valley, wo die Rebflächen fast so teuer sind wie Immobilien in Manhattan, erforschen Önologen das Zinfandel-Erbe. Die Reben wurden aus allen möglichen Regionen Kaliforniens zusammengetragen, um den Genpool des Zinfandels für zukünftige Generationen zu sichern. Parzelle an Parzelle werden hier die alten Zinfandel-Rebstöcke kultiviert − als Erhaltungszucht. Die Trauben werden jedes Jahr von einem Winzer verarbeitet, der eine besondere Beziehung zum Zinfandel hat.

Letztes Jahr war es Carol Shelton. Ihr Weingut in Sonoma finden wir mitten in einem tristen Gewerbegebiet zwischen Speditionen und leer stehenden Hallen. »Willkommen in meiner Garage Winery!«, begrüßt uns eine kleine Frau, der man ihre fünfzig Jahre nicht ansieht.

Carols Weingut ist das totale Gegenteil der protzigen Weintempel im Napa Valley, sie muss sich mit einer Betonhalle zufrieden geben. Ihr Mann Mitch ist gerade dabei, einige prall gefüllte Kunststoffbehälter per Gabelstapler in die Sonne zu fahren: »Hier draußen ist es wärmer, da gärt der Wein besser als in der kalten Halle.«

Mitch trägt einen weichen Vollbart. Er hat als Softwarespezialist gearbeitet, bis sich Carol als Winzerin selbstständig gemacht hat. »You are my wine slave«, sagt sie frotzelnd zu ihm und halb zu uns und lacht: »Die Winery ist zwar nur eine schäbige Lagerhalle, aber wir haben unser ganzes Geld dafür zusammengekratzt.« Und nun domptiert sie in der denkbar nüchternsten Arbeitsatmosphäre ihren Zin nach allen Regeln der Kunst.

»Zin-Trauben kann man noch bezahlen«, sagt sie, »es gibt so viele schwerreiche Produzenten, die zahlen für das Kilo Cabernet locker vierzehn Dollar. Vierzehn Dollar! That's totally crazy − sorry, that's a pain in the ass!«

Jeden Cent, den Carol und Mitch verdienen, investieren sie in ihre Garage und freuen sich, dass sie bis heute ohne Fremdkapital ausgekommen sind, um ihre Versionen einer besseren Zin-Welt zu produzieren. Black Magic, Wild Thing und Rocky Reserve heißen ihre Interpretationen und gehören zum Individuellsten, Eindrucksvollsten und aus unserer Sicht auch Attraktivsten, was sich aus dieser Rebsorte machen lässt.

Warum du?

Warum wir?

Eine Flasche Wein. Ein Glas. Und natürlich du. Was jetzt geschieht, geschieht nur, weil es Wein ist. Jeder Schluck, jeder Tropfen, jedes Molekül, das dein Wahrnehmungssystem erobert, verändert dich. Man kann diesen Vorgang ganz profan Schmecken nennen, aber es ist viel mehr als das. Es ist eine riesige Show, ein Rockkonzert, ein Erdbeben, das den Boden unter deinen Füßen erschüttert. Wein trinken kann jeder. Aber ihn spüren, erkennen und verstehen und ein Teil von ihm werden, das schafft nur, wer bereit ist, sich erobern zu lassen. Jetzt ist die Zeit gekommen, die Festplatte endlich neu zu formatieren, der richtige Moment, das Oberstübchen komplett durchzulüften.

Schmecken kann jeder

Wir tun es unentwegt, so oft und so selbstverständlich, dass wir diesen vielschichtigen Vorgang gar nicht mehr bewusst wahrnehmen. Den Geschmack natürlich schon, den spüren wir, aber was dabei hinter den Kulissen abläuft, darüber machen wir uns eigentlich zu wenig Gedanken.

Was passiert mit uns, wenn Wein unser System erobert?
Das ist die entscheidende Frage.
Und wir wollen Antworten darauf finden.

Nicht jetzt sofort und auch nicht alle auf einmal, denn zu dieser Erkenntnis führt ein Prozess, aus dem sich die Antworten nach und nach ergeben. Wir wollen die Ergebnisse nicht verkünden wie Moses die Zehn Gebote, die ihm einfach so vor die Füße gefallen sind. Jeder soll seine eigenen, individuellen Antworten finden. Nach und nach.

Zum Beispiel beim Schmecken. Der Geschmack bildet die Schnittstelle zwischen äußerer und innerer Welt, dort, wo die Realität auf unsere Sinne trifft und Wunsch und Wirklichkeit sich begegnen. Leider sind sie nicht immer kompatibel. Wie beim Computer. Mit der falschen Software kannst du auch die einfachste Datei nicht öffnen. Also braucht man zunächst einmal das richtige Programm. Mit ihm werden abstrakte Informationen lesbar, und endlich kann man den Datenmüll von den wirklich wichtigen Informationen unterscheiden. Schluss mit dem ganzen Wein-Spam, der wertvollen Speicherplatz blockiert und dir das Wichtigste raubt, was du hast: Zeit.

Simplify your Wine!

Im Prinzip ist es egal, was du trinkst. Ob es fünf Euro oder fünfhundert kostet. Ob es Bordeaux ist oder Valpolicella, aus Argentinien kommt oder aus Oppenheim. Entscheidend ist, dass du verstehst, wie du als individueller Weintyp funktionierst. Wenn tausend Menschen denselben Wein trinken, dann riecht und schmeckt jeder etwas anderes. Der Mensch ist keine Maschine. Du fühlst anders. Du denkst anders. Du hast deine eigene Fantasie. Du bist einzigartig. Du bist der Wein – und nicht die anderen.

Es ist nie zu spät.
Geh sofort los.
Auch die längste Weinreise beginnt mit dem ersten Schluck.
Die Parallelen schneiden sich im Unendlichen.

Bei dir zu Hause auf dem Sofa ist es warm, sicher und gemütlich. Und du lässt nur Leute rein, die du schon kennst. Keine bösen Überraschungen also. Aber ist das nicht irgendwie langweilig, dieses Rundumsorglospaket mit Rücktrittsversicherung? Draußen ist die Welt unheimlich, sie steckt voller Gefahren, unvorhersehbaren Ereignissen und jeder Menge Menschen, denen man vielleicht lieber nicht begegnen würde. Doch das Risiko birgt immer auch die sprichwörtliche Chance. Wer sie nicht nutzt, lebt zwar schön sicher, aber leider auch ziemlich spannungsfrei. Nur wenn du deinem Prozessor ab und zu ein richtiges Update gönnst, kommt das Karma auch zu dir. Wer abschaltet, bleibt beim Commodore 64 hängen.

Om mani padme hum

Von A nach B – das ist nur scheinbar ein linearer Weg. Wie im Buddhismus – *Om mani padme hum* ist ein tibetisches Mantra – ist auch beim Wein die kürzeste Verbindung nicht die Gerade. Der Weg führt nicht schnurstracks zum besten, größten und teuersten Wein. Es will ja auch nicht jeder, der sich ein Paar Wanderstiefel kauft, gleich den Anapurna besteigen. Und selbst wenn dich der Weg auf diesen Gipfel führen sollte, endet er trotzdem nicht da oben. Auf dem Weg zum Wein geht es immer weiter, mit jeder neuen Flasche. Glückliche Weintrinker sind nicht auf der Suche nach endgültiger und umfassender Erlösung, sondern nehmen den Wein, wie er ist, mit all seinen Charaktereigenschaften, Macken und Talenten.

Am besten, man akzeptiert den Wein als ein wandelbares, sich immer wieder neu präsentierendes, herrliches Getränk – also genau als das, was er im besten Fall ist: ein wunderbarer, unterhaltsamer, fantasievoller und treuer Wegbegleiter. Deshalb hier *unser* Mantra: Sei bereit, alte Meinungsbilder im Kopf zur Disposition zu stellen und durch neue, bessere zu ersetzen. Ein Wein ist immer mehr als die Summe seiner Moleküle.

Wein ist in Bewegung, lebt, reift, altert, stirbt. Genau wie wir. Das ist das Gemeinsame. Wir sollten es miteinander teilen.

Ich liebe dich so, wie du bist.
Du bist nicht mehr die Person, in die ich mich verliebt habe.

Zwischen diesen beiden Aussagen liegen Welten, die alles darüber sagen, wie Menschen ihre Beziehungen sehen. So ist es auch beim Wein. Die einen sind glücklich, die anderen nicht. Was willst du? Entscheide dich jetzt.

Die anderen halten dich für dumm

Beginnen wir dort, wo du deinen Wein kaufst. Wie du bestimmt schon einmal am eigenen Leib erfahren hast, werden nicht nur gute Weine angeboten. Der Discounter lebt auch davon, dir schwache und schlechte Weine anzudrehen. Mit den alten Tricks der Gaukler und Taschenspieler jubelt er dir Weine unter, die ihr Geld nicht wert sind.

Wenn du nicht länger für dumm verkauft werden und das Problem schleunigst vom Hals haben willst, gibt es nur eine Regel, an die du dich halten solltest: Ein Wein kann nur gut sein, wenn er einen bestimmten Preis nicht unterschreitet. So einfach ist das. Alles andere ist Selbstbetrug. Wo du diesen Preis ansetzt, um deine persönliche Würde als weintrinkendes wunderbares Wesen zu wahren, können und wollen wir dir nicht diktieren. Aber wir verraten dir gern, dass sie bei uns in der Nähe von fünf Euro liegt.

Jetzt die Weinkritiker: Sie wollen dir etwas abnehmen, von dem sie glauben, dass du es nicht kannst oder dir nicht zutraust. Einen Wein probieren, dir ein Bild von seinem Geschmack machen und dann entscheiden, ob du ihn magst oder nicht. Willst du dir das wirklich gefallen lassen? Der Wein muss *dir* schmecken und nicht ihnen!

Weinkritiker probieren ständig Weine, Dutzende am Tag, Hunderte in der Woche, Tausende im Lauf des Jahres. Wie die Roboter. Und dann beurteilen sie sie. Entweder mit Punkten oder Symbolen, an deren Anzahl du erkennen sollst, wie gut sie ihnen geschmeckt haben. Das ist im wahrsten Sinne des Wortes eine *Entmündigung*. Weinkritiker denken, dass du keine Überraschungen und auch keine Enttäuschungen erleben willst. Sie halten dich für einen unsicheren, dummen Konsumenten, der ihre Dienstleistung dankbar in Anspruch nimmt, weil es ja in dem ganzen Chaos für dich so was von völlig unmöglich ist, dir selbst eine Meinung zu bilden.

Zum Schluss die Weinkenner. Eigentlich sind sie ganz okay. Aber die meisten haben ein Problem: Sie können mit ihrem ganzen Wissen nicht richtig umgehen. Oft haben sie einfach das Gespür dafür verloren, wie viel von ihrem Know-how normale Menschen überhaupt vertragen.

Bist du bereit?

In der Unübersichtlichkeit, die unser Zeitalter mit all seinen Phänomenen von Echtzeit und Virtualität kennzeichnet, dreht sich auch die Weinwelt immer schneller, und zwar samt allen in ihr gehandelten Produkten und Dienstleistungen. Daran wird sich nichts ändern. Und daran wollen wir auch gar nichts ändern. Das Paradoxe aber ist, dass sich die meisten Weinkenner trotzdem so verhalten, als wäre die Weinwelt immer noch klein und überschaubar.

Früher gab es weniger Weinimporte, weniger Weinhändler und natürlich auch viel weniger Weintrinker. Ihre Anzahl war limitiert durch den hohen Weinpreis, den nur Menschen zahlen konnten, die aus unserer heutigen Perspektive einer vergleichsweise elitären Schicht angehörten. Damals hat sich das Bild des klassischen Weinkenners etabliert, der alles über die wenigen Weine wusste, die es gab. Ironischerweise gilt es immer noch als das Allergrößte, wenn ein Weinkenner der alten Schule einen Wein blind an seinem Geschmack erkennen kann. Aber darum geht es nicht mehr. Die Demokratisierung und Globalisierung des Weins erfordert eine vollkommen neue Art des Umgangs mit ihm und auch einen anderen Wertekanon. Die Weinwelt von heute mit den Methoden von früher zu verstehen, ist etwa so, als würde man seine Briefe immer noch mit der Postkutsche verschicken.

Wir Weintrinker von heute – also du und ich – müssen uns anders verhalten als die angestaubten, in die Jahre gekommenen Weinkenner. Um das Wichtigste zu spüren: die überwältigende Schönheit des Weins.

Piemont

Was Fabio Alessandria am liebsten hat, tritt er mit den Füßen: seine Nebbiolo-Trauben. Außen sind die Früchte pflaumenblau mit einem weißen Schimmer auf der Haut, innen sind sie süß und saftig. In Öl malen müsste man diese Wunderwerke der Natur, doch Fabio vom Weingut Burlotto verewigt sie auf seine Art. Er schnappt sich eine von den vielen roten Kunststoffkisten, die prall gefüllt auf dem Hof stehen. Dann wuchtet er sie über den Rand des hölzernen Gärbottichs und lässt die blaue Pracht hineinfallen. Eine Kiste nach der anderen.

Die Trauben stammen allesamt aus dem Weinberg Monvigliero, der Spitzenlage von Verduno. Unten im Eichenbottich steht Fabios Vater und stampft die Schönen mit Stumpf und Stiel zu Brei. »Un altro, Fabio!«, tönt es heraus – noch eine Kiste! Giuseppe schwitzt wie ein Ochse. Seit Stunden trampelt er auf den Trauben herum, seine Gummistiefel versinken in den Früchten, die Beeren platzen, Kerne flutschen, der Saft spritzt in alle Richtungen. Trauben stampfen mit den Füßen? So mittelalterlich arbeitet heute keiner mehr in Piemont, jedenfalls nicht freiwillig. Ist Fabio ein Hinterwäldler, einer, der noch nichts von moderner Kellertechnik gehört hat? Nein, das Traubenmassaker, das sich vor unseren Augen abspielt, ist kein altertümliches Ritual, es ist die Geburtsstunde eines großartigen Genusses.

Ganz anders beim Weingut Braida in Rocchetta Tanaro, gut eine halbe Autostunde von Verduno entfernt. Hier, bei der Winzerfamilie Bologna, ist überhaupt nichts primitiv. Auf Braida wird an nichts gespart, nicht bei der Architektur und schon gar nicht bei der Kellertechnik.

Phönix aus der Asche

Der berühmteste Wein aus dem Keller von Braida ist der Bricco dell'Uccellone, ein Rotwein aus der Barbera-Traube. Er hat es geschafft, unter den unzähligen Rotweinen, die während der Wiederauferstehung des italienischen Weinbaus in den letzten fünfundzwanzig Jahren geboren wurden, zu einer Legende zu werden. Praktisch aus dem Nichts heraus. Es war Giacomo Bologna, der sich Anfang der Achtzigerjahre den Barbera vorknöpfte und die Weinwelt verblüffte. Mit seinem Spitzenwein zeigte er, dass die Rebsorte Barbera für Besseres geschaffen ist als für den monotonen, derben Bauernschoppen, den sie bis dahin lieferte. Der war meistens dünn, sauer und bitter – keine wirklich gute Kombination.

Nur drei Dinge

Giacomos großes Vorbild war Amerika. Er wollte die Weine so machen, wie er sie auf seinen
Reisen nach Kalifornien erlebt hatte. Und dazu war ihm keine Mühe zu viel: nur die besten
Weinberge, nur kerngesunde Trauben, absolute
Sauberkeit, behutsame Maischegärung in top-
modernen Edelstahltanks und – ganz wichtig! –
die Reifung des Weins in Barriques aus französischer Eiche unter klimatisierten Bedingungen.
Nie zuvor war dem Barbera eine solche Spezial-
behandlung zuteil geworden.

Giacomo nannte seinen Wein nach dem
Weinberg, der die Trauben lieferte: Bricco dell'
Uccellone. Der Wein war eine Sensation und die
Kritiker pilgerten nach Braida, um das Wein-
wunder zu bestaunen: So ein Wein aus der Barbera? Impossibile – unmöglich! Und auf einmal
gab es in der großen feinen Weinwelt nicht mehr
nur Bordeaux, Burgunder und Barolo, nun wurde auch Giacomos Barbera in einem Atemzug
mit den Kreszenzen genannt, die Piemont in aller Welt berühmt gemacht hatten. Seinen Erfolg
konnte er allerdings nicht mehr voll auskosten.
Giacomo starb 1990, da war er gerade einmal
zweiundfünfzig Jahre alt.

Heute führt seine Frau Anna das Weingut
zusammen mit ihren Kindern Beppe und Raffaella. Im Kreis der Familie probieren wir die Jahrgänge zurück bis 1989. Und einer ist besser als
der andere. Zwischen zwei Gläsern mit 1999er
und 2000er klärt uns Raffaella über das wahre
Wesen ihrer Weine auf: »Barbera ist weiblich,
hört ihr?« Sie steht auf und beginnt zu gestiku-
lieren. »Die Sorte heißt *La Barbera*, die Barbera!
Und daraus machen wir einen Wein, der genauso gut gebaut ist wie ich!« Sie zeichnet die ba-
rocken Rundungen ihrer Silhouette in die Luft
und lacht sich schlapp.

Raffaella kann mit ihrem Charme Gefange-
ne machen. Aber wenn die Sprache auf ihren
Vater kommt, wird sie ernst. »Wir müssen
uns un-be-dingt noch den Film ansehen!«, be-
schwört sie uns. »Dann könnt ihr erleben, wie
Papa wirklich ist!« Über seinen Tod ist sie nie
hinweggekommen. Sie dimmt das Licht im Pro-
bierraum. Film ab!

Auf der Leinwand spaziert Giacomo durch
die Rebzeilen seiner Weinberge. Giacomo probiert gärenden Most. Giacomo isst und trinkt –
seine ganz offensichtliche Bestimmung: »Mich
interessieren nur drei Dinge«, gesteht er bei ei-

nem Teller Steinpilzkappen mit Fonduta, »meine Frau, der Wein und die Gastronomie.« Ganz in der Tradition des tafelnden Gourmands philosophiert er mit einer gestärkten Serviette auf dem kapitalen Bauch über Gott und den Wein, über Giacomo und die Barbera. So imponierte Giacomo Bologna, der große Zampano, den italienischen Intellektuellen, den Jazzern, Schriftstellern und Industriellen und ließ ihnen in seinem Lieblingsrestaurant die weißen Trüffeln in nicht enden wollenden Katarakten über die Nudeln hobeln.

Giacomo gab Vollgas auf der Überholspur des Lebens, er aß und trank am Limit. Big Jack, wie ihn seine Freunde nannten, spielte allzeit fortissimo auf der Klaviatur der kulinarischen Tugenden. Kurz vor seinem Tod, mit dem Bricco dell'Uccellone am Bett, kamen die ganz Großen zu ihm, um Abschied zu feiern; unter ihnen Gianni Agnelli und Luciano Benneton. Fine.

Raffaella hat den Film sicherlich schon mindestens hundert Mal gesehen, und doch nimmt sie auch jetzt wieder schweren Herzens Abschied. Sie riecht tief in den 1989er hinein, Giacomos letzten Jahrgang, als wäre sie ihm dann ganz nah.

Tradition? Moderne?

Giacomo hat seine Familie berühmt gemacht und seinen Trieb an die Kinder vererbt. Beim Weinmachen gehen Beppe und Raffaella genauso kompromisslos zur Sache wie er. Als Weinmacher sind sie mindestens so gut, wenn nicht besser. Jahr für Jahr gewinnen sie die höchsten Auszeichnungen für ihre Weine. Nicht nur in Italien – in der ganzen Welt.

Bis zu Giacomo Bolognas Auftritt steckte Piemont in einer tiefen Qualitätskrise. Diese Zeiten sind dank einer grundsätzlichen Modernisierung in Weinbergen und Kellern vorbei. Die neuen Weine ernten von der Kritik Lob und Auszeichnungen, entsprechen sie doch dem Wunschbild vom modernen italienischen Rotwein. Bei dieser Erneuerung gingen vor allem die traditionellen Methoden über Bord: Hauptsache weg mit dem alten Gerümpel, bloß kein Bauer mehr sein! Das neue Bild von Piemont entstand. Doch nicht alle Weingüter sind diesen Weg gegangen.

In Verduno sind Fabio und sein Vater noch lange nicht mit der Arbeit fertig. Fabio reicht seinem durstigen Vater eine Flasche Wasser. »Wenn wir hier mit dem Traubenstampfen fertig sind«, erzählt er, »warten wir einfach, bis die Gärung von alleine losgeht.« Warten, das bedeutet, Tage und Wochen verstreichen zu lassen, bis der Most zu Wein wird. Ohne jedes Zutun. Ganz anders als beim Weingut Braida, bei dem nichts dem Zufall überlassen bleibt. Mit seiner primitiven Methode will Fabio beweisen, dass ein Barolo keine Turbotechnik braucht, um ein Spitzenwein zu werden. Eines Tages wird sein Monvigliero ein weicher Riese sein, völlig anders als die aufgemotzten Barolos, die vor dunkler Farbe und Gerbstoffen nur so strotzen. Fabio dreht nicht an der Technikspirale, um den ohnehin schon starken Barolo noch stärker zu machen. »Das ist doch langweilig«, sagt er. Und so kommt es, dass der Winzer aus Verduno in der Upperclass des italienischen Weins so gut wie unbekannt ist.

Fabio hat Zeit

Mittlerweile ist der riesige Gärbottich voll. »Der Wein soll aus sich selbst heraus entstehen«, sagt Fabio zu uns. »Das Treten ist die beste Methode, um die Trauben sanft zu zerdrücken, da können sogar die Stiele dranbleiben. Die geben meinem Wein das extravagante Aroma.« Aber warum treiben die Schalen nicht nach oben, Fabio? »Mit einem Holzgitter halte ich sie unter der Oberfläche.« Wir steigen die Leiter hinauf. »Seht ihr? Alles spiegelglatt!« So hat das auch schon Fabios Urgroßvater gemacht. Rund fünfzig Tage dauert die Gärung – so lange bleibt die Maische in den Bottichen. Für Turbowinzer eine unendlich lange Zeit. Die rücken ihren Trauben mit Rotationstanks zu Leibe und sind schon nach zehn Tagen fertig. So gehen zwar jede Menge dicke Gerbstoffe und eine tiefdunkle, fast schwarze Farbe aus den Schalen in den Wein über, dafür ist er aber so pelzig, dass es Jahre dauert, bis er trinkbar ist. Wenn überhaupt. Viele Barolos attackieren auch noch nach zehn Jahren den Gaumen mit rücksichtslosen Gerbstoffen.

In weiten Teilen der Weinwelt gilt die Maximierung von Alkoholgehalt, Farbintensität und Gerbstoffausbeute immer noch als das wichtigste Signal, um Kritiker und Kunden von der sogenannten Größe und Qualität eines Rotweins zu überzeugen. Wir fragen uns, warum sich dieser Trend so hartnäckig hält, wo es doch viel interessanter wäre, das ewige Höher-Schneller-Weiter an der einen oder anderen Stelle durch ein behutsames Downsizing zu ersetzen. Zudem pfeifen es die Spatzen längst von den Dächern:

Beim Essen verhalten sich diese Weine nicht gerade rücksichtsvoll. Ein Schluck genügt und schon müssen die meisten anderen Aromen das Handtuch werfen, weil es nur wenige Speisen, Würzungen und Zubereitungsarten gibt, die diesen Kraftprotzen Paroli bieten können. Solo getrunken sind die flüssigen Athleten aber oft alles andere als »Weine zum Trinken«. Nach einem Glas hat man sie satt, weil sie sich im Mund so unbeholfen anstellen.

Bei Fabios Methode kann das nicht passieren, weil er seine Maische nicht rührt oder sonst wie bearbeitet, denn nur auf die sanfte Tour geben seine Nebbiolo-Trauben alle feinen Aromen her und behalten die aggressiven Gerbstoffe für sich. So hat Fabio auch modernisiert, allerdings in die entgegengesetzte Richtung. Mit seiner Retromethode hebt er einen vergessenen Schatz: die zarte Schönheit des Barolo. Noch ist er der Einzige. Noch.

Welcher Weintyp bin ich ?

Guter Wein ist wie ein Raum, den du betrittst. In ihm kannst du alles finden, was du für begehrenswert hältst. Aber er ist auch eine Projektionsfläche für deine Träume, Erfahrungen und Sehnsüchte. Und für deinen ganz persönlichen Geschmack.

Es gibt unter uns unzählige Leute, die offensichtlich nie in ihrem Leben herausgefunden haben, was zu ihnen passt und was nicht. Das falsche Make-up, zu kleine Kleider für viel zu dicke Körper und umgekehrt. Farben, die sich beißen. Entweder haben sie sich nie die Frage gestellt: Was für ein Typ bin ich eigentlich und was steht mir am besten? Oder es interessiert sie einfach nicht.

Was wir tragen und wie wir uns kleiden, tritt im Idealfall in eine harmonische Interaktion mit dem Charakter und der Ausstrahlung unserer Persönlichkeit. Aber selbst das absolut perfekte Kleidungsstück steht nicht jedem. Warum sollte es beim Wein anders sein? Auch der perfekte Wein braucht den richtigen Typ, der zu ihm passt, ihn mag und sich mit ihm rundum wohl fühlt. Deshalb ist es aus unserer Sicht sehr wichtig, dass du herausfindest, welcher Weintyp du bist. Und zwar möglichst schnell. Es ist leichter, als du denkst.

Wie funktioniere ich?

Wenn wir Wein trinken, ist eine ganze Reihe von Sinnesorganen an diesem wundervollen Schauspiel beteiligt. Augen, Ohren, Nase, Mund, sie alle leisten treue Dienste, wobei wir eine Feststellung gleich zu Beginn machen möchten: So, wie manche von uns Brillenträger sind und andere wiederum nicht so gut hören, gibt es auch beim Riechen und Schmecken von Mensch zu Mensch Unterschiede. Deshalb kommt es immer wieder mal vor, dass einer nur den Kopf schüttelt und sagt: »Komisch, ich rieche das überhaupt nicht!«, wenn andere begeistert die schönsten Düfte aufzählen: Quitte, Jasmin, Pfirsich, Waldmeister, Litschi, Mandarine.

Mit den Augen lesen wir das Etikett und begutachten die Farbe des Weins. Mit den Ohren hören wir, wie der Wein ins Glas gluckert, oder erfreuen uns an dem quietschenden Geräusch und dem kurz darauf folgenden Plopp!, wenn wir den Korken aus der Flasche ziehen – sofern der Wein überhaupt noch einen hat. Die Dinger sterben nämlich langsam aus. Von fundamentaler Bedeutung aber sind allein Nase und Mund, auf Augen und Ohren kann man beim Weintrinken zur Not auch verzichten.

Die Zunge ist ein Sinnesorgan, das bestimmte Reize wahrnimmt, ihre Intensität mit den Geschmacksknospen misst und über Nervenbahnen zum Gehirn weiterleitet. Mit der Zunge fühlen wir, ob und wie süß, sauer, salzig und bitter unsere Nahrung ist. Diese vier Dimensionen sind die Grundlage dessen, was wir im engeren Sinn Geschmack nennen. Im Wein sind sie alle enthalten. Süße in Form von unvergorenem traubeneigenem Zucker. Säure in Form von Apfelsäure, Weinsäure und Milchsäure. Salz in Form von Mineralien. Und Bitterkeit in Form von Gerbstoffen. Dies sind natürlich nicht alle Zuckerarten, nicht alle Säuren, nicht alle Salze und auch nicht alle Bitterstoffe, die im Wein vorkommen. Es ist nur eine Auswahl, um den Vorgang des Schmeckens hier ein wenig zu illustrieren.

Die Geschmacksknospen sind nicht gleichmäßig und auch nicht nur auf der Zunge verteilt. Drei Viertel sind auf der Zunge angesiedelt – zwei Drittel davon im hinteren Teil –, der Rest auf der Mundschleimhaut, im Rachenbereich und am Gaumen. Dieses Wissen kann hilfreich sein, wenn es gilt, dem Wein seine besten Seiten abzuringen, indem man den Schluck überall im Mund verteilt und nicht einfach nur hinunterspült.

Bei Licht betrachtet und erst recht im direkten Vergleich mit der Nase ist unsere Zunge dennoch ein ziemlicher Einfaltspinsel: nur vier Geschmacksrichtungen, eventuell noch eine fünfte   Umami genannt. Umami beschreibt Eindrücke, die auf Glutamate zurückzuführen sind, die in natürlicher Form etwa in Spargel, Tomaten und Parmesan vorkommen. Beim Wein spielt Nummer fünf aber keine Rolle, schon eher im Chinarestaurant – oder bei Kartoffelchips, Tütensuppen und Fastfood.

Mit der Zunge und dem Mund fühlen wir auch die Beschaffenheit der verschiedenen Viskositätsstufen, die ein Wein haben kann: flüssig, wässrig, cremig, ölig, zäh. Wir nehmen diese Eigenschaften als taktile Reize wahr und können uns so ein Bild von der Textur eines Weins machen. Sehr konzentrierte edelsüße Weißweine wie zum Bespiel Trockenbeerenauslesen, Sauternes oder Tokajer fließen aufgrund ihres extrem hohen Zuckergehalts viel zäher über die Zunge als trockene Weine mit sehr niedrigem Zuckergehalt und hinterlassen dort einen wesentlich länger andauernden Eindruck.

Die Nase

Fast alle Reize, die uns der Wein über seine Aromen mitzuteilen vermag, nehmen wir mit der Nase wahr – genauer gesagt mit den Riechzellen. Dies ist eine erheblich größere Botschaft als das, was uns die Zunge zu sagen hat. Oder anders ausgedrückt: Im Duft eines Weins steckt unendlich viel mehr Information als in seinem Geschmack. Kommt also eine bestimmte Menge eines Riechstoffs zusammen, auf den eine Riechzelle reagiert, wird diese aktiv und leitet den Reiz über eine Nervenbahn an den sogenannten Riechkolben weiter. Dieses Aktionspotenzial trägt die Riechinformation zum Gehirn. Erst dort entsteht das eigentliche Geschmacksbild eines Weins. Auf der Zunge und in der Nase nehmen wir nur seine Einzelteile wahr und messen sie. Das, was wir einfach mit Geschmack und Duft bezeichnen, setzt sich aus Abertausenden von Mikroinformationen zusammen, die erst im Gehirn zusammengeführt, abgespeichert und mit Erinnerungen verknüpft werden.

Diese Gedächtnisinhalte in Bezug auf Aromen, Duft, Geruch und Geschmack erwerben wir im Laufe unseres Lebens und verwalten sie in unserem Langzeitgedächtnis. Je öfter wir schmecken und die Eindrücke mit gespeicherten Geschmacksbildern verknüpfen, desto detaillierter, präziser und differenzierter können wir diese Erfahrungen später auch wieder abrufen. Man kann also durch aktives Verhalten beim Schmecken und Riechen ein richtiges Wissenszentrum aufbauen. Weintrinker können ihren Spaß erheblich vergrößern, wenn sie gezielt trainieren, vor allem, indem sie mit anderen zusammen die Eindrücke analysieren, die ihnen ein Wein vermittelt. Dabei ist alles erlaubt, was einem in den Sinn kommt, denn Riechen und Schmecken ist sehr eng mit Emotion und Erregung verknüpft. Die Wahrnehmung chemischer Signale ist fast immer mit einer lustvollen Komponente verbunden. Es ist so gut wie unmöglich, einen Geschmack oder Geruch nicht danach zu beurteilen, ob wir ihn als anziehend oder abstoßend empfinden. Also bitte keine Hemmungen, es ist dein Geschmack!

Doch beim Wein genügt Trinken allein nicht. Erst wenn wir wissen, wie der Geschmack in den Wein hineinkommt und wie wir ihn wahrnehmen, dann dekodieren und dekonstruieren und am Ende gedanklich neu zusammensetzen, erschließt sich uns der Wein in seiner ganzen Bedeutung. Wir schmecken nur, was wir wissen. Der große, tolle Wein fällt nicht einfach so vom Himmel und fragt: »Zu mir oder zu dir?« Das tut er erst, wenn du dich selber kennst.

Die Sprache

Neben unseren Sinnen spielt die Sprache eine wichtige Rolle, um Wein zu begreifen und unserer Umwelt mitzuteilen, was mit uns passiert, wenn wir ihn trinken. Die Sprache gehört natürlich nicht zu unseren Sinnen, aber als Werkzeug ist sie eine sichere Brücke, um zu beschreiben, was beim Weintrinken in uns vorgeht. Deshalb sind wir entschiedene Gegner des technischen Ansatzes, der Geschmacks- und Geruchseindrücke in ein vorgeformtes Raster presst und dieses standardisiert, um es zu einem allgemein verständlichen Kodex werden zu lassen. Zum Beispiel, dass Riesling nach Pfirsich duftet und Cabernet Sauvignon nach Schwarzer Johannisbeere. Das mag die Dinge zwar beschreiben, ist aber so langweilig wie eine Anleitung zur Installation neuer Software.

Wir plädieren generell für einen emotionalen, lustvollen Umgang mit Wein. Und unsere Gedanken und Assoziationen, um ihn zu beschreiben, gehen genau in diese Richtung. Ist es denn nicht viel schöner und unterhaltsamer, möglichst plastische und originelle Bilder für das zu finden, was einen am Wein begeistert oder runterzieht?

Damit du ganz genau weißt, was wir meinen

Sprache kann die mehr oder weniger profanen Eindrücke, die Zunge und Nase unserem Lustzentrum im Gehirn vermitteln, zu verbalen Bildern umformulieren. Das ist ein wahnsinnig komplexer Vorgang, ein geradezu fantastisches Erlebnis, aber nur, wenn du darüber wirklich mal einen Moment lang vertieft nachgedacht hast.

Tu es jetzt!

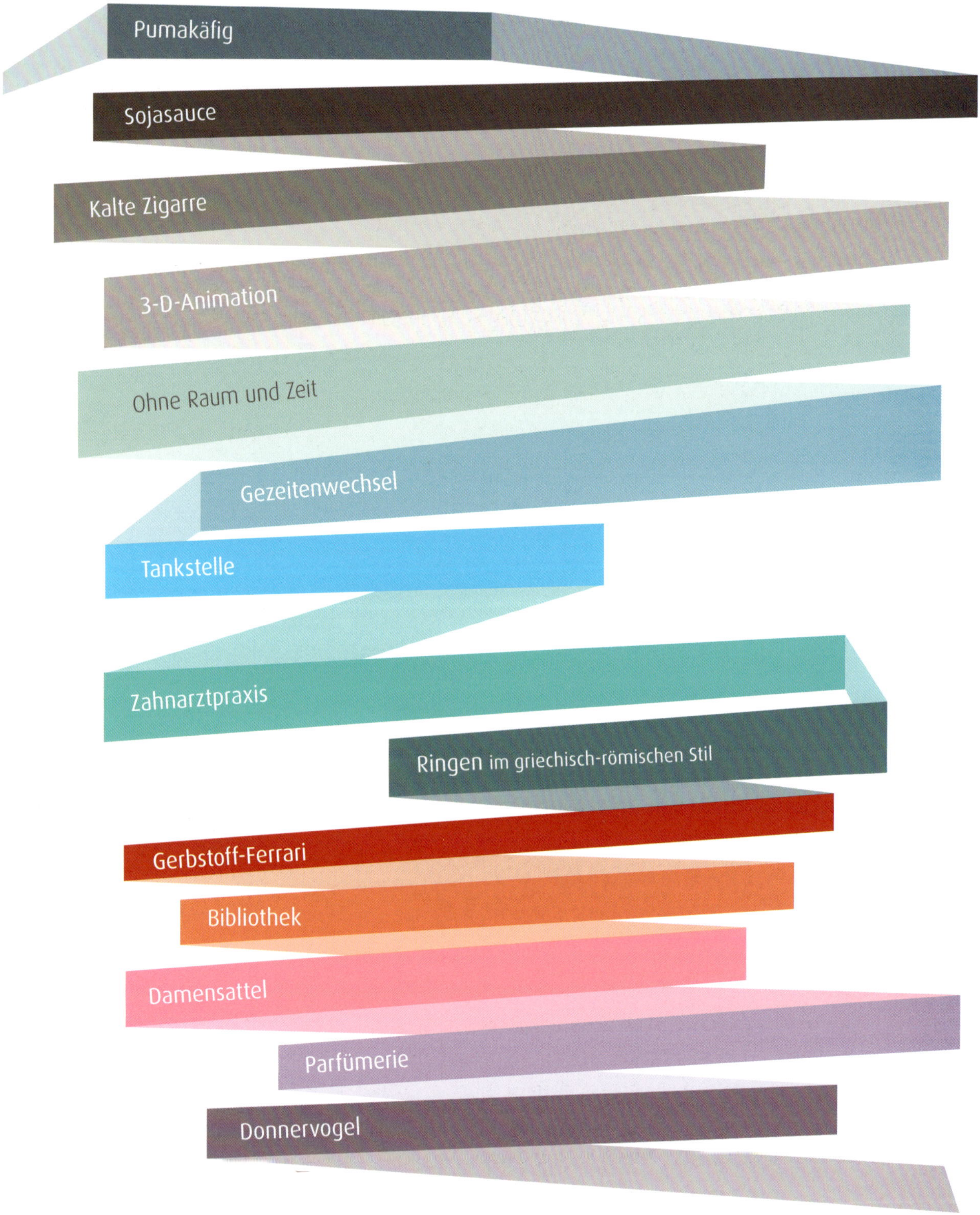

Pumakäfig

Sojasauce

Kalte Zigarre

3-D-Animation

Ohne Raum und Zeit

Gezeitenwechsel

Tankstelle

Zahnarztpraxis

Ringen im griechisch-römischen Stil

Gerbstoff-Ferrari

Bibliothek

Damensattel

Parfümerie

Donnervogel

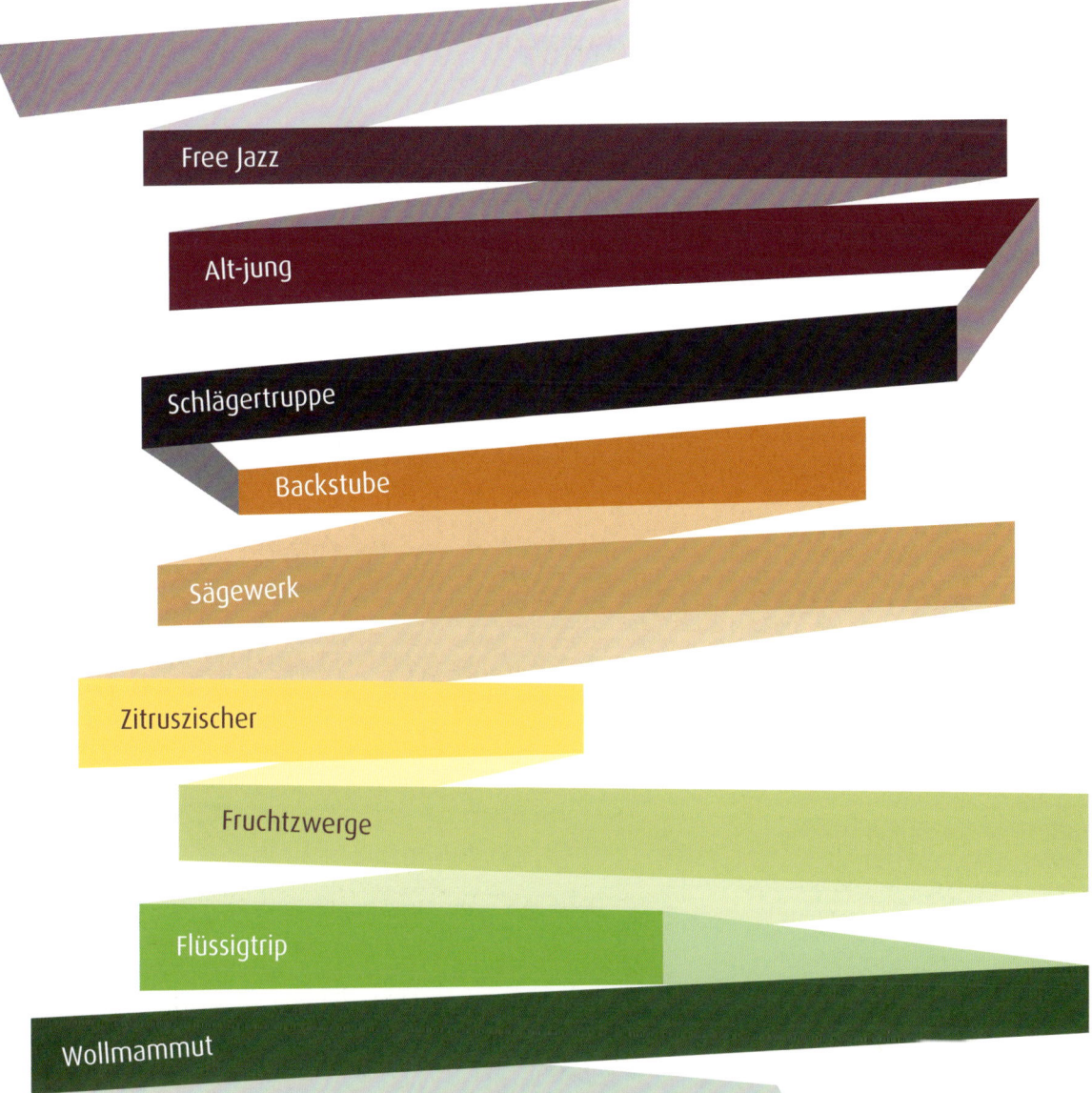

Free Jazz

Alt-jung

Schlägertruppe

Backstube

Sägewerk

Zitruszischer

Fruchtzwerge

Flüssigtrip

Wollmammut

So kann Wein auch schmecken! Man kann seinen Körper, seine Frucht, sein Bukett eben auch mit ganz anderen Worten beschreiben. Es gibt kein Richtig oder Falsch. Puma-käfig zum Beispiel, das ist ganz viel Tiergeruch auf kleinem Raum. Eine Verdichtung von animalischen und daher von Menschen nicht immer unbedingt als angenehm empfun-denen Gerüchen. Es gibt Rotweine mit Pumakäfig, die können einfach wunderbar sein! Nur zu viel darf es nicht sein, wie im Zoo auch.

Wenn wir assoziieren, dem Geschmack also konkrete Bilder zuordnen, gehen wir in diesem Moment eine innige Verbindung mit dem ein, was wir gerade geschluckt haben. Assoziation ist mehr als nur Wein und seine einzelnen Bestandteile. Das bist du! Wenn du Wein trinkst, entert er dein System. Und zwar wie gesagt exakt an der Schnittstelle zwischen äußerer und innerer Welt. Mit seinen Geschmacks- und Aromainformationen berührt er deine Sinne, und wenn er über deine Lippen fließt und die Zunge betritt, ist das eine echte Seelenwanderung: Der Wein gibt sich hin und haucht sein Leben aus, und du ganz allein hast es in der Hand, seine Energie in deine Welt zu überführen. Oder ihn fallen zu lassen.

Vielleicht möchte der Wein uns selbst etwas sagen? Hören wir doch einfach mal etwas genauer hin.

»Spürst du diese Sonnenstrahlen? Ich bin in der Lage, sie dir zu bringen. Siehst du meine Blumen? Ist es praller Löwenzahn, zartes Wiesenschaumkraut, ein verstecktes Veilchen, leuchtender Klatschmohn? Schmecken dir meine Früchte? Sind es saftige Äpfel, honigsüße Melonen oder herbe Grapefruits? Damit ich dir alles geben kann, musst du mich ganz und gar in dich hineinlassen. Nicht nur als Flüssigkeit, die du nach rechts und links, nach vorne und hinten spülst und dann hinunterschluckst. So zerlegst du mich nur technisch. Du kannst aber mehr tun, viel mehr! Du solltest mich auch mental an dich heranlassen. Ich bin bereit für dich. Bist du es für mich?«

Du bist der Wein!

Das klingt jetzt vielleicht ein bisschen esoterisch, wir sind aber fest davon überzeugt, dass der Weingenuss erst dann vollkommen ist, wenn wir eine aktive Rolle übernehmen und nicht wie kalte Fische darauf warten, dass endlich etwas passiert. Wein macht nur so viel Spaß, wie wir selber haben.

Also zurück zur mentalen Barriere: Wenn wir zusammen Wein probieren, trinken wir zwar alle denselben Wein, aber wir finden unterschiedliche Worte für unsere Eindrücke, weil wir über unterschiedlich sensible Wahrnehmungssysteme verfügen. Was passiert also, wenn wir einen Wein mit unseren Sinnen betreten? Die erste Dimension ist nur ein Punkt, die zweite eine Fläche, die dritte hingegen der ganze Raum. Jeder Wein ist ein Raum und hinter jedem Raum befinden sich weitere. Je mehr Räume ein Wein besitzt, desto besser. Und zu jedem Raum gehört eine Tür. Doch wie kriegt man sie auf, um weiterzukommen?

Manche suchen nach dem perfekten Wein, doch den gibt es ebenso wenig wie den perfekten Weintrinker. Krampfhaft nach dem Besten zu suchen, das machen nur Miesepeter. Es gibt lediglich Annäherungen an das Ideal des Vollkommenen. In Wahrheit ist der Wein die Konstante und wir müssen uns bewegen, um ihm näherzukommen.

Mal sehen, was der Wein zu diesem Gedanken zu sagen hat:

»Ich bin mehr als ein Getränk und auch mehr als ein Schluck. Ich bin auch mehr als ein Rauschmittel. Okay, man nennt mich auch eine legale Droge, aber das ändert nichts daran, dass ich ein Stück Kultur bin und die Menschheitsgeschichte seit ewigen Zeiten begleite. Und das schönste Geschenk, das du dir mit mir machen kannst, ist, mich zu einem Teil deiner Kultur werden zu lassen.«

Über fünf Jahre liegt der Rotwein nun schon im Regal. In seinem neuen unterirdischen Zuhause hat er sich nach vierzehn Tagen Heimweh ganz passabel eingelebt. Es ist ruhig da unten, das Klima angenehm kühl, und meistens ist es auch schön dunkel. Aber das Beste ist, er wohnt nicht allein im Keller, sondern im Kreise einer kunterbunten Gesellschaft. Im Lauf der Jahre sind sie zu einer richtigen Weinfamilie zusammengewachsen.

Links über ihm zum Beispiel logiert Signora Montepulciano, eine reife Dame aus Mittelitalien, der man ihr fortgeschrittenes Alter nicht ansieht. Monsieur Latour hat es sich zwei Etagen unter ihm gemütlich gemacht. Auf seinem abgescheuerten Etikett kann man den Jahrgang nicht mehr lesen und deshalb plagen den vornehmen Herrn furchtbare Selbstzweifel, wenn der Weinkellner achtlos an ihm vorbeigeht:

»Mon dieu! Bin isch nisch Jahrgang fünfünseschzisch, une catastrophe, bin isch ein gut Millésime!«

So oder ähnlich flucht er dann vor sich hin.

Noch weiter unten, fast schon in Bodennähe, hat sich eine dicke, fette Doppelmagnum gemütlich zwischen mehreren Flaschen Vintage Port eingenistet. Sie besitzt als Einzige einen leuchtendroten, weithin sichtbaren Siegellackpfropfen, auf den sie sich mächtig was einbildet. Plötzlich eilen entschlossene Schritte die Treppe hinunter, ein Schlüsselbund rasselt und die Tür, hinter der sich die kleine Weltgemeinschaft in Sicherheit wähnt, geht auf. Das Licht wird eingeschaltet und eine Person nähert sich dem Rotweinregal. Der Weinkellner zieht unsere Flasche hervor.

»Warum ich?«, denkt der Wein. »Verdammt, warum ausgerechnet ich?«

Als das Licht im Keller wieder ausgeht, beginnen die Zurückgebliebenen leise zu tuscheln. Man erzählte sich ja schreckliche Dinge. Von ein paar Heimkehrern, die hinaufgeholt, aber nicht ausgetrunken wurden, hatten sie erfahren, was da oben mit ihnen gemacht wird: Kapsel ab, Korken raus – und dann das grelle Licht im Glas, manchmal sogar Sonne! Und hinterher wird man in den Altglascontainer geworfen, zusammen mit Gurkengläsern oder anderen ordinären Sachen.

Der Weinkellner kommt an den Tisch. Noch kann sich unser Rotwein unter seinem Korken verbergen, doch durch das grüne Glas ahnt er schon die oberirdische Welt, sieht funkelndes Kerzenlicht smaragdfarben. Wenig später ist er eingeschenkt und blickt in vier Augen, die ihn prüfend ansehen, sieht zwei erwartungsvolle Gesichter und spürt, dass sie scharf auf ihn sind. »Wir sind heiß auf deine aphrodisierende Wirkung«, scheinen sie ihm durchs Glas zuzurufen, »mach uns an!«

Das ist seine Chance. Wird er sie nutzen? Zu einem Wein werden, an den sich die beiden *wirklich* erinnern?

Ein Interview

Sie werden gleich getrunken. Wie geht es Ihnen jetzt?

»Naja, ein bisschen Lampenfieber hab ich schon. Aber das gehört, glaube ich, irgendwie dazu. Ich möchte die Erwartungen des jungen Glücks ja nicht enttäuschen. Das Gute an der Situation ist die frische Luft hier oben. Endlich mal richtig durchatmen nach der langen Zeit im Keller. Nur die Nummer mit dem Korkenzieher eben, die war schon heftig.«

Meinen Sie, dass Sie die hohen Erwartungen erfüllen können?

»Ich denke schon. Fünf Jahre in der Flasche, das ist die ideale Zeit für autogenes Training. Totale Entspannung, einfach nur Nichtstun, das ist das Beste, was uns Weinen passieren kann. Naja, den richtigen Weinen jedenfalls, den Profis, so wie mir.«

Haben Sie schon eine Strategie, eine Taktik, wie Sie die beiden begeistern wollen?

»Ich werde alles geben, darauf können sich die zwei verlassen. Schließlich haben sie viel Geld bezahlt und wollen eine gute Show.«

Fällt Ihnen der Abschied schwer?

»Es war auch eine harte Zeit bis hierher, an diesen Punkt meiner Karriere. Erst bei Wind und Wetter im Weinberg, dann die fürchterliche Presse, die Gärung und das Fass – das ganze Durcheinander eben. Da war ich schon froh, in der Flasche endlich zur Ruhe zu kommen.«

Sind Sie optimal austrainiert, um diese Herausforderung zu bestehen?

»Ich hätte ruhig noch zwei Jahre warten können. Aber wenn es so weit ist, dann ist es eben so weit. Dinge, die man nicht ändern kann, muss man akzeptieren. Jetzt arbeite ich natürlich erst einmal daran, dass die beiden einen unvergesslichen Abend miteinander verbringen. Das ist mein Spezialgebiet.«

Ausprobieren

Bisher haben wir berichtet, wie man den Wein über die Sinne wahrnimmt. Aber um wirklich alles aus ihm herauszuholen, sein aromatisches Potenzial optimal auszuschöpfen, können ein paar zusätzliche Techniken und Verhaltensweisen ausgesprochen hilfreich sein. Die wollen wir jetzt skizzieren. Jeder Wein, ob gut oder schlecht, alt oder jung, weiß oder rot, hat dir viel zu erzählen. Um ihn zu verstehen, nimm dir Zeit, so viel du willst, Hauptsache, du gibst ihm die Möglichkeit, sich im Glas richtig auszubreiten. Schwenk das Glas, setz seinen Inhalt in kreisende Bewegung, damit er den Kelch von innen möglichst großflächig benetzt. Riech daran.

Fällt dir auf,

dass sich die Luft im Glas mit Duft angereichert hat?

dass du jetzt mehr riechst als vorher?

dass die Aromen jetzt überall sind, bereit, dir ihre Geschichte zu erzählen?

$5 \cdot 10^{10}$

Vielleicht läuft dir schon jetzt das Wasser im Mund zusammen. Also nimm etwas Wein in den Mund. Aber schluck ihn bitte nicht sofort hinunter. Er will auch deiner Zunge beweisen, was in ihm steckt, und dass er mehr drauf hat, als deine Nase jemals gedacht hat. Ist er süß? Ist er sauer? Bitter oder salzig? Das sind die vier Dimensionen des Geschmacks, und sie definieren einen Raum. Kein eckiges Zimmer, sondern eine Geschmackswolke, einen Weinkosmos.

Deine Zunge ist jetzt das Raumschiff auf dem Weg durch die Unendlichkeit dieser Galaxien. Sie spürt nicht nur, dass der Wein süß, sauer, salzig und bitter sein kann, sondern auch, wie viel von alledem vorhanden ist. Erst spürt sie, dann misst sie. An ihrer Spitze, ganz weit vorne, stellt sie fest, wie viel Süße ein Wein mit sich führt. An den Seitenrändern merkt sie, wie viel Säure er enthält. Hinten am Rachen bleibt ihr nicht verborgen, dass auch Bitterstoffe drin sein können. Und manchmal fühlt sie sogar, dass Wein ein wenig salzig schmecken kann.

Bravo, das war nicht schlecht für den Anfang! Aber das war nur der erste Probeschluck, du kannst noch mehr rausholen. Jetzt machst du das Ganze noch einmal. Diesmal spülst du den Wein von vorne nach hinten, von rechts nach links. Und von oben nach unten. Bis er überall in deinem Mund ist und ihn nicht nur kurz durchfließt, sondern sich überall richtig schön einrichtet.

Nach dem Schlucken ist der Wein weg. Aber doch nicht so ganz. Atme langsam durch die Nase aus und du wirst dein blaues Wunder erleben: Da ist er wieder! Deine Atemluft hat sich mit seinem Aroma angereichert und segelt nun an deinem Riechzentrum entlang. So nehmen die Rezeptoren das gesamte Duft- und Aromaspektrum wahr, das der Wein zu bieten hat – eine gewaltige Ansammlung von Weinmaterie, Galaxienhaufen mit vielen tausend Mitgliedern. Wir schätzen, es ist mindestens ein Ultra Deep Field mit $5 \cdot 10^{10}$ Mitgliedern. Wahrscheinlich ist es aber noch mehr, unendlich viel mehr.

Wie geht es weiter?

Zack! ist es da, was wir Geschmack nennen. Im Hypothalamus, einem Abschnitt des Zwischenhirns, werden die Empfindungen von Nase und Mund zusammengeführt und zu einem Gefühl umkodiert, das zu den drei schönsten Gefühlen der Welt gehört. Im Ernst, der Hypothalamus ist Geschmacks- und Lustzentrum zugleich. Hier werden unser Schlafbedürfnis und der Fortpflanzungstrieb ebenso geregelt wie die Nahrungs- und Flüssigkeitsaufnahme. Gutes Essen, guter Wein und guter Sex sind also gar nicht so weit auseinander.

Teste deine Flirtchancen

Im Laufe jeder guten Beziehung – und die ist der Wein nun einmal – lernt man die Schwächen und Stärken seines Partners immer besser kennen und versteht mit ihnen umzugehen. Man lernt aber auch, wie man sich selbst am besten in diese Beziehung einbringen kann. Das steht ja nicht von vornherein unveränderlich fest, sondern ist ein interaktiver Prozess, offen für Entwicklung, Verbesserung und Verfeinerung. Wenn man weiß, wie man funktioniert, kann man seine persönliche Beziehung zum Wein zu einer dauerhaft sprudelnden Quelle der Lebensfreude machen. Aus seinen geschmacklichen und aromatischen Eigenschaften ergibt sich, was wir die Dynamik des Weins nennen. Je effektiver und einfühlsamer du diese Dynamik zu erkennen verstehst und Rückschlüsse daraus ziehen kannst, was am besten zu dir passt, desto ereignisreicher und erfüllender wird deine Liebesbeziehung mit dem Wein sein.

Mars und Venus

Wenn alle dasselbe trinken, schmecken sie dann auch dasselbe? Und wie ist es mit Männern und Frauen? Haben die eigentlich denselben Geschmack? Frauen kleiden sich anders, setzen Make-up anders ein und bevorzugen andere Parfüms als Männer. Eigentlich müssten sie auch einen anderen Weingeschmack haben. Unsere Antwort auf diese elementare Frage hat die Hamburger Wochenzeitung *Die Zeit* im April 2004 unter dem Titel »Der kleine Unterschied auf der Zunge« veröffentlicht.

Robert Parker, Hugh Johnson, Michael Broadbent, Daniele Cernilli und Michel Bettane. Das sind die Namen der weltweit einflussreichsten Weinkritiker. Fällt Ihnen etwas auf? Das sind alles Männer, Herren der Schöpfung, die mit ihren Voten das Kaufverhalten sehr vieler Weinliebhaber in den USA, England, Italien und Frankreich beeinflussen. Nur äußerst selten verirren sich Frauen in die illustren Kreise der Weingurus. Der Wein bildet also bei der Frauenquote keine Ausnahme. Schließlich sind nur zwei Prozent aller Professoren Frauen, und Topmanager weiblichen Geschlechts sind immer noch ziemlich rar.

Auch die Weinwelt ist eine Männerdomäne: Männer machen Wein, sie degustieren und bewerten ihn. Da ihnen in der Regel gefällt, was stark und würzig ist, thronen an der Spitze ihrer Qualitätspyramide die in allen Facetten leistungsmaximierten Weine. Der Amerikaner Robert Parker nennt besonders gelungene Exemplare *Monsterwine* oder *Killerjuice*, nicht um vor ihrem Verzehr zu warnen, was nahe liegend wäre, sondern um damit ihre geschmackliche Durchschlagskraft zu loben.

Der Wunsch nach Unbesiegbarkeit ist bei den Männern vermutlich genetisch fixiert – das haben auch die Werbetexter für Fishermans-Friend-Pfefferminzpastillen erkannt und genial auf den Punkt gebracht: »Sind sie zu stark, bist du zu schwach.« Das Grenzgängerische war schon immer eine Domäne des starken Geschlechts. Wie sonst ist es zu erklären, dass Männer Rotweine mit einer Gerbstoffausstattung preisen, die bei Untrainierten den haptischen Eindruck *Wollmammut* auf der Zunge auslöst? Oder jenes Geruchsphänomen, das normale Menschen schlagartig traumatisiert, wenn es ihnen aus dem Glas entgegenströmt, weil es sie an so etwas wie Fäkaliengrube im Hochsommer erinnert – während die Vorkoster uns dies feinsinnig als animalische Noten verkaufen? Aber Männer lesen ja auch Zeitung auf dem Klo.

Frauen ins Wissen – Männer in die Wirtschaft

Ob Frauen anders schmecken, ist schwer zu sagen. Aber ob sie andere Weine bevorzugen, das lässt sich relativ leicht feststellen. Um dieser Frage auf den Grund zu gehen, haben wir vor ein paar Jahren zwei Versuchsgruppen in die *Zeit*-Redaktion nach Hamburg eingeladen: zehn Männer, zehn Frauen, darunter Profis, Novizen, Amateure, Durchschnittstrinker. Die Instruktion der Probanden fand im Plenum statt, anschließend zog sich die Herrenmannschaft in das Wirtschaftsressort zurück – die Damenauswahl verkostete eine Etage tiefer in der Redaktion Wissen. Bei der Probenfolge haben wir einen Bruch mit den Usancen der Branche riskiert. Statt ausschließlich Weine einer einzigen Rebsorte oder nur aus einer Region an den Start zu bringen, haben wir uns für eine möglichst große Bandbreite von Weinen entschieden: unterschiedliche Herkunft, unterschiedliche Jahrgänge und unterschiedliche Rebsorten. Die Weine haben wir anonym probieren lassen.

Zu jedem Wein gab es einen Fragebogen mit einer Bewertungsskala von Null (»Lehne ich total ab«) bis Sechs (»Für mich ein großer Genuss«). Es gab auch Platz für kurze Kommentare. Jeder Teilnehmer musste im Stillen urteilen, Unentschlossene sollten nicht von lautstarken Alphatieren beeinflusst werden.

Interessant ist der Blick auf die Bewertungsmentalität:

Die Männer vergaben insgesamt achtzehnmal die Null, dass heißt, zwölf Prozent aller Weine sind bei ihnen durchgefallen. Die Frauen notierten die Null nur neunmal, was einer Quote von sechs Prozent entspricht.

Fällen Männer also lieber absolute Urteile? Haben sie mehr Lust an Bestrafung?

Beim Loben hingegen sind die Frauen viel spontaner:

Elfmal haben sie die Traumnote Sechs vergeben, das entspricht rund sieben Prozent. Wenn es funkt, lassen sie sich mitreißen.

Die Männer sind viel knausriger.

Lediglich zweimal haben sie zur Höchstnote gegriffen – rund ein Prozent. Sie projizieren ihre Sehnsüchte anscheinend auf das nächste Glas und erwarten immer noch eine Steigerung, ihnen ist kaum etwas gut genug.

Frauen sind dem Wein gegenüber grundsätzlich positiver eingestellt. Sie sind leichter glücklich zu machen und drückten das in ihren Urteilen auch deutlich aus, indem sie fast alle Weine grundsätzlich höher bewerteten als die Männer. Dieses Phänomen zog sich wie ein roter Faden durch die gesamte Probe. Frauen sind unvoreingenommener und bestätigen, was wir bei Weinproben häufig erleben: Während die Männer noch überlegen, ob sie den Wein überhaupt gut finden dürfen, haben die Frauen ihr Urteil schon längst gefällt. Männer stellen oft Mutmaßungen an, mit denen sie einen Wein vor ihrem eigenen Urteil schützen wollen, wenn sie unsicher sind.

Das hört sich dann so an:

»Man möchte ihn loben, aber er lässt einen doch ein wenig enttäuscht zurück. Vielleicht braucht es ein wenig Zeit, um seine verborgenen Talente zu entdecken.« So orakelte ein Teilnehmer über den Rotwein Turning Leaf, einen Cabernet Sauvignon von Gallo aus Kalifornien.

Die Frauen gehen anders zur Sache, weniger zimperlich, sehr direkt und pragmatisch:

»Unausgewogener, flacher Typ – zum Vergessen« oder »Ne – schmeckt billig und sehr massenfabriziert.«

Überhaupt sorgten die Massenweine von Mondavi und Gallo – wir hatten sie als trojanische Pferde in die Probe eingeschleust – für echte Begeisterung oder totale Ablehnung. Nicht jeder der Männer kam diesen globalen Markenprodukten auf die Schliche, zum Beispiel dem Chardonnay Twin Oaks von Mondavi:

»Sauber, ordentlich, lecker. Versteckt seine Qualität noch ein wenig – zur vollen Blüte fehlen noch ein bis zwei Jahre.«
Oder:
»Neue-Welt-Stil, dem ich immer verüble, dass er mich beim ersten Schluck beeindruckt, dann aber nichts nachlegt.«
Oder:
»Null Säure – keine Ahnung, was mir der Wein sagen will – abgestandene kötzelige Plörre. Fehlkonstruktion.«
Oder:
»Etwas terpentinig – aber ich steh auf organische Chemie.«
Oder:
»Very oaky. Ein Wein von gestern, Chardonnay, wie ihn die Welt liebte, als das Silicon Valley so golden war wie dieser Wein.«
Oder:
»Angenehme runde Fülle, süßlicher Nachgeschmack, wie Babybrei – der könnte den Frauen gefallen.«

Unisex-Wein

Beim Siegerrotwein kamen beide Gruppen zu einem übereinstimmenden Ergebnis. Ein roter Bordeaux aus Saint-Emilion brachte es mit seinen seidigen Gerbstoffen, dem ausbalancierten Körper und seinem angenehmen Parfum bei den Damen auf satte 4,7 und bei den Herren immerhin auf 3,7 Punkte. Alle waren glücklich mit dem Bordeaux – ein echter Unisex-Tropfen.

Beim Siegerweißwein sah es anders aus: In der Männerrunde schnitt der Sauvignon blanc von Tement aus der Steiermark, ein frischer, mineralischer Wein mit ausgewogener Säure, am besten ab (3,7 Punkte). Was die Männer liebten, ließ die Frauen eher kalt. Der Wein kam bei ihnen nur auf 2,8 Punkte. Sie fuhren auf den gereiften, säurebetonten Riesling aus dem großen Holzfass von Becker aus dem Rheingau ab (3,7 Punkte). Bei den Männern erreichte dieser Wein nur 3,2 Punkte.

Es kommt also sehr wohl darauf an, ob es Frauen oder Männer sind, die Wein probieren und bewerten. Bei der Wahrnehmung und Bewertung von Wein gibt es tatsächlich Unterschiede. Es entstehen aber auch neue Fragen wie: Inwieweit sind die Ergebnisse der Männerzirkel überhaupt relevant? Dies vor allem vor dem Hintergrund, dass immerhin die Hälfte der Weintrinker Frauen sind.

Und worauf sollten Weinliebhaber in Zukunft achten? Eine Lösung könnte sein, dass die Jurys in Zukunft paritätisch besetzt werden. Das wäre die demokratische Variante. Oder aber, die Chefsache Wein wird öfter mal durch rein weiblich besetzte Jurys zur reinen Frauensache erklärt.

Aus der Erde geboren

Spätere Heirat nicht ausgeschlossen

Der Wein, von dem wir sprechen, lebt. Er hat nichts zu tun mit den Konserven, die in den Supermärkten massenhaft herumstehen. Immer in derselben Qualität, zu jeder Zeit verfügbar und natürlich ohne Lieferengpässe. Dafür aber mit Mindesthaltbarkeitsdatum, das für die meisten Menschen in der zivilisierten Welt inzwischen zur wichtigsten Information auf den Lebensmittelpackungen geworden ist, weil es ihnen anscheinend hilft, besser mit ihrer Angst vor saurer Milch, vor Gammel und Schimmel, vor Staphylokokken und Salmonellen umzugehen. Viele glauben ja, die Milch sei definitiv verdorben, wenn sie das besagte Datum erreicht hat, auch wenn sie noch gar nicht über den Jordan gegangen ist.

ESL

Der Tod und die Vergänglichkeit, das Bedrohungs- und Gefahrenpotenzial der industriell verarbeiteten Dinge, von denen wir uns ernähren, rücken immer stärker in den Vordergrund. Der sogenannte Verbraucherschutz gibt auf den Packungen zunehmend den Ton an. Nur: Je mehr draufsteht, was drin ist, desto merkwürdiger schmecken diese Sachen. Die Lebensmitteltechnologie gewinnt mehr und mehr die Oberhand über die Nahrungsmittel. ESL, *Extended Shelf Life*, heißt das Zauberwort – verlängerte Lebensdauer leicht verderblicher Produkte wie Milch zum Beispiel. Die Handelsriesen fürchten sich vor den Kosten täglicher Milchlieferungen und versuchen deshalb, die Frischmilch nach und nach aus den Regalen zu verdrängen, indem sie sie durch haltbarere, allerdings stark bearbeitete und entsprechend veränderte *ESL-Milch* ersetzen. Diese wird jedoch nicht als solche, sondern nur als pasteurisiert deklariert, genau wie Frischmilch. Sie ist aber eben keine, sondern ein über Wochen und Monate haltbares Industrieprodukt.

Das Beispiel illustriert, wie die Handelsstrukturen unserer Zeit Einfluss auf Auswahl, Zustand und Qualität unserer Nahrungsmittel nehmen. Je geringer die Anzahl der Produkte in den Supermärkten ist, desto kleiner wird der Erfahrungsschatz der Menschen, die sich dort versorgen (eine erdrückende Mehrheit). Dies hat Auswirkungen auf uns, die Gesellschaft und den Genuss ganz allgemein.

Einer gegen alle

Zum Glück passt der Wein in dieses aseptisch-klinische Denken nicht so recht hinein (oder noch nicht). Noch verweigert er sich den Spielregeln unserer schönen neuen Welt, was ihn einzigartig macht. Je länger er sich als Antithese zu den Replikanten und Aliens in den Regalen behauptet, desto wertvoller wird er. Gerade diese Seite des Weins ist für uns ein wichtiger Teil seines Mythos.

Natürlich wollen wir hier auf keinen Fall unter den Teppich kehren, dass es der Weinindustrie inzwischen gelungen ist, bei ihren großen Markenweinen Standards zu etablieren, welche die natürlichen Schwankungen, die den Wein von alters her begleiten und über die Jahrhunderte zu einem wichtigen Teil seiner Identität geworden sind, durch eine gewisse geschmackliche Kontinuität ersetzen.

CA

In der Fabrik kann man alles synthetisieren, aber nicht den einzigartigen Geschmack der Herkunft des Weins, den Ort seiner Entstehung unter freiem Himmel. Und genau darüber reden wir hier! So etwas lässt sich nicht durch die Optimierungsmaschine der Lebensmitteltechniker und Ingenieure nachahmen, die zwar fast alle Nahrung ewig haltbar machen (*CA, Controlled Atmosphere* – unter Schutzatmosphäre abgepackt), ihr dafür aber die Seele abkaufen. Wein ist ein von jahreszeitlichen, klimatischen Bedingungen abhängiges Gut und deshalb nicht immer in beliebiger Menge und zum gleichen Preis zu haben. Dass es Wein manchmal nicht gibt, macht ihn für uns umso begehrenswerter. Und dass er kein Verfallsdatum aufs Etikett gestempelt bekommt, macht ihn geheimnisvoll. Die Originalität der an Boden, Klima, Genetik und Wachstum geknüpften Herkunft eines Weins ist durch nichts zu ersetzen, dafür gibt es kein Austauschteil, keinen Trick. Nichts! Und das ist auch gut so.

Jeder Wein ist ein historisches Dokument.
Er trägt eine Geschichte in sich.
Es ist die Geschichte des Jahres, in dem er gewachsen ist.
Er erzählt sie dir, wenn du willst.

Eine Rebe ist eine Rebe ist eine Rebe

Glückliche Weintrinker gehören zweifellos zur privilegierten Spezies von aufgeklärten Menschen, die die Anstrengungen der Urheberin dieser Genüsse zu schätzen wissen. Es ist eine Rebe, eine Liane, eine Schlingpflanze. Auf den ersten Blick ist sie alles andere als ein Hingucker, eher ein Mauerblümchen. Ziemlich unscheinbar. Aber mit sehr schönen Blättern, das muss man ihr lassen. In Griechenland haben sie es sogar zu einer Karriere auf dem Esstisch gebracht – Dolmadakia, gefüllte Weinblätter der Rebsorte Sultana. Aber wir kommen vom Thema ab.

Wein besteht, ganz gleich aus welchem Anbaugebiet,
aus welchem Land oder von welchem Kontinent er stammt,
immer aus einer fast identischen Mischung von Bestandteilen.
Trotzdem schmeckt er immer verschieden.
Wenn nicht, stimmt etwas nicht.

Machen wir uns also rasch ein Bild von der Bedeutung der Pflanze, der wir den Wein verdanken. Erklärt euch solidarisch mit ihr, besucht sie in den Weinbergen! Berührt ihre Blätter und Früchte, staunt über den zarten Duft, der durch die Weinberge weht, wenn sich ihre Blüten öffnen. Lernt alles über dieses sympathische und für unsere Lebensqualität so wichtige Wesen! Macht euch auch mit den Schattenseiten ihres Daseins vertraut, den Krankheiten und Schädlingen, die ihr das Leben schwer machen. Auf den nächsten Seiten bereiten wir das wichtigste Wissen rund um den Rebstock aus unserer ganz persönlichen Perspektive auf. Was jetzt kommt, ist dein Basiswissen zum Thema Rebstock.

Nicht für die Schule, für die Reben lernen wir

Reben betreiben Assimilation, Fotosynthese, Stoffwechsel. Das ist die biochemische Seite ihrer Existenz. Aber für uns sind sie noch etwas anderes, so etwas wie ein Medium, das den Geschmack seiner Lebensumgebung in den Trauben einlagert und uns zugänglich macht. Mit anderen Worten: Ohne Reben gäbe es keinen Wein, der nach dem Ort seiner Herkunft schmeckt. Und ohne diesen ganz besonderen Geschmack hätten wir nur knapp die Hälfte vom Spaß. Schauen wir also gleich einmal bei einem Mitglied der Gattung **Vitis vinifera** vorbei.

Unsere Exkursion beginnt in der Schule – genauer gesagt in einer Rebschule. Institutionen, die diesen Namen tragen, bereiten die Reben für ihren harten Job draußen in der Natur vor. Der Weg ins Rebenleben beginnt gleich mit einer schweren Operation, der sogenannten Rebveredelung. Kaum ein Rebstock wird heute ohne diesen fundamentalen Eingriff in sein Berufsleben entlassen. Und das kommt so:

Als die Reblaus **Phylloxera** um 1860 aus Amerika eingeschleppt wurde und binnen weniger Jahrzehnte fast den gesamten europäischen Weinbau lahmlegte, mussten die Winzer und alle anderen Betroffenen hilf- und ratlos mit ansehen, wie dieses fiese Insekt einen schönen Rebstock nach dem anderen killte. Gegen den Minivampir schien kein Kraut gewachsen, der Wein wurde immer knapper. Es dauerte fast dreißig Jahre lang, bis man die rettende Lösung fand.

Seither werden in den Rebveredelungsanstalten alle klassischen europäischen Rebsorten auf amerikanische Wurzelstöcke gepfropft, zum Beispiel solche der Gattung **Vitis labrusca**, weil diese, wie man zum Glück herausfand, gegen das an den Wurzeln saugende Insekt resistent sind. Heute nimmt der Rebveredler die europäischen Oberteile und verbindet sie maschinell mit amerikanischen Unterlagen. Danach verschließt er die Schnittstelle mit einem Wundbalsam aus Paraffin, damit Amerika und Europa auch schön zusammenwachsen.

Wir finden, das ist eine ganz besondere Art von transatlantischer Beziehungskiste: Es gibt sie länger als die NATO – und erfolgreicher ist sie auch. Jetzt kann die Reblaus saugen, so viel sie will, die lebenswichtigen Wurzeln wachsen trotzdem weiter. All die Bakterien und Pilze, die früher ungehindert in die Beißwunden eindringen konnten, die die Läuse den Reben beibrachten, können der Pflanze nun nichts mehr anhaben. Als ob nichts gewesen wäre, trägt der Rebstock seine saftigen Trauben. Und noch etwas: Diese intelligente Form der Insektenbekämpfung funktioniert absolut chemiefrei. Sie ist als erste Methode der biologischen Schädlingsbekämpfung in die Geschichte des Weinbaus eingegangen.

Frankenstein

Nachdem die kleinen Reben diese Veredelungsprozedur überstanden haben, werden sie für einige Zeit in Felder gepflanzt, wo sie wieder zu Kräften kommen und Wurzeln bilden, damit sie später im Weinberg gut anwachsen. Reihe an Reihe stehen Riesling, Chardonnay, Pinot noir, Cabernet Sauvignon und wie die Sorten alle heißen, auf deren Weine wir scharf sind.

Die Rebschulen veredeln ihre Reben aber nicht nur, sie vermehren sie auch in eigener Regie. Von ein und derselben Mutterpflanze werden genetisch identische Klone erzeugt, die vollkommen identische Eigenschaften haben, zum Beispiel gleichzeitige Blüte, identische geschmackliche Dispositionen, gleiche Trauben- und Beerengröße, geringe Fäulnisanfälligkeit. Das macht die Arbeit für den Winzer berechenbarer. Denn ein Weinberg mit vielen unterschiedlichen Klonen oder sogar Sorten verhält sich natürlich auch ganz anders als ein herkömmlicher Weinberg. Vom Austrieb bis zur Reife tanzen alle irgendwann aus der Reihe – wie im Kindergarten.

Manche Winzer gehen diese Risiken bewusst und gerne ein, und es gibt Weinfreunde, die behaupten, dass sie sich an Weinen aus einer derart multikulturellen Mischung ganz besonders erfreuen. Das sind jetzt natürlich Details, aber wir halten sie trotzdem für wichtig, wenn man verstehen will, wie die Qualität in den Wein kommt. Das passiert eben nicht nur im Weinberg und nicht nur im Keller, sondern schon viel früher.

ÜBRIGENS: Ein Klon ist keine Pflanze aus der Retorte. Ein Klon entsteht, indem selektierte Blattspitzen einer einzigen Mutterpflanze abgeschnitten und in Nährlösung herangezogen werden, um schließlich eine eigene, vollständige Pflanze hervorzubringen. Auf diese Weise erhält man einen Pool von Reben mit genetisch identischen Eigenschaften.

Das Weniger-ist-mehr-Ding

Eines schönen Tages rollen zwei Winzer mit ihren Transportern auf den Hof der Rebschule und holen ihre bestellten Jungreben ab. Sie wollen neue Weinberge anlegen. Der eine kauft dreitausend Riesling-Pflanzen, die er auf einen Hektar Land in der fruchtbaren

Ebene seines Heimatdorfs pflanzt. Der andere nimmt von derselben Sorte sechstausend Stück und pflanzt sie auf eine hektargroße Parzelle in einem sehr steilen Weinberg. In der Weinwelt nichts Ungewöhnliches also. Aber trotzdem ist, was anschließend passiert, mehr als erstaunlich. Nach zwei Jahren tragen die Reben ihre ersten Trauben. Die Winzer ernten sie und machen Wein daraus.

Der Wein des einen Winzers schmeckt fruchtig und charmant, ist aber ohne besonderen Tiefgang, vielleicht sogar etwas dünn. Der andere Wein wirkt dichter, konzentrierter und vielseitiger im Geschmack und auch nachhaltiger. Wie kann das sein? Beide Neupflanzungen wurden doch mit genetisch identischen Reben vorgenommen! Das ist schon richtig, aber die beiden Winzer haben völlig verschiedene Vorstellungen von ihrem Wein und wenden ganz unterschiedliche Strategien an, um ans Ziel zu kommen.

Wir nennen hier nur ein paar mögliche Unterschiede in Weinberg und Wachstum, die deutlich machen, wie sehr sich die Arbeitsweise der beiden Winzer auf das Endergebnis auswirken kann.

Pflanzdichte	3000 oder 6000 Stöcke pro Hektar?
Boden	Schiefer oder sandiger Lehm?
Lage	Feuchte Ebene mit schwer erwärmbaren Böden oder leicht erwärmbare Hanglage mit schneller Wasserausleitung?
Klima	Trocken und heiß oder feucht und kühl?
Rebschnitt	Viel oder wenig Ertrag?
Bewässerung	Ja oder nein?
Düngen	Kunstdünger oder Kompost?
Spritzen	Chemisch-technische Präparate oder biologischer Pflanzenschutz?
Laubarbeit	Gute Durchlüftung oder Beschattung der Traubenzone?
Ausdünnen	Überzählige Trauben abschneiden oder nicht?
Erntezeitpunkt	Alle Stöcke gleichzeitig oder selektiv nach Reifegrad?

The Winner Takes it All

Durch die Summe der qualitätsbestimmenden Faktoren (es gibt davon noch viel mehr als in unserer Aufzählung) legt jeder Winzer fest, welche Qualität sein Wein am Ende haben wird, und zwar lange bevor er ihn in Flaschen füllt. Der eine will möglichst viel Wein produzieren und ihn günstig verkaufen, dem anderen schwebt ein Höchstmaß an geschmacklicher Intensität vor, für das er den doppelten oder vielfachen Preis verlangt.

Ein Rebstock, der nur wenige Trauben trägt, verteilt seine Energie am Ende auf eine viel kleinere Menge Wein. Entsprechend konzentriert schmeckt das Ergebnis. Diese Relation wird als Menge-Güte-Verhältnis bezeichnet. Fünfzehntausend Liter Wein von zehntausend Quadratmeter Boden schmecken viel dünner als fünftausend Liter von derselben Grundfläche. Das leuchtet doch ein, oder?

Ein Garten zum Trinken

Ein guter Winzer ist immer auch ein guter Gärtner, und ein guter Wein kann nur aus guten Trauben entstehen. Binsenweisheit, klar. Da ist es kein Wunder, wenn die Erzeuger hochwertiger Weine immer auch Weinbergenthusiasten sind, die ihre Arbeitsstunden gar nicht erst zählen. Wer es aber doch tut, kommt schnell auf zweitausend und mehr pro Hektar und Jahr. Extreme Weine entstehen in extremen Gärten. Leidenschaft kann in Obsession umschlagen und nicht selten unterschiedliche Formen von Wahnsinn annehmen.

Im Prinzip strebt jeder Gärtner zunächst nach Vollkommenheit, nach dem perfekten Rosenschnitt, dem perfekten Steingarten, dem perfekten Rhododendron. Das birgt etliche Risiken, man denke nur an Gärtner, die zu Opfern ihrer eigenen Passion geworden sind, zum Beispiel an Hermann Fürst von Pückler-Muskau. Dieser legendäre Gartenkünstler, dem wir auch die gleichnamige Eiskreation verdanken, ist der Prototyp des Wahnsinnigen – er hat sein gesamtes Vermögen sprichwörtlich in den märkischen Sand gesetzt. Klarer Fall von Gartensucht.

Auch im Weinbau von heute gibt es Persönlichkeiten, deren Drang zur Perfektion fast schon pathologische Züge trägt. Ohne Einzelnen von ihnen zu nahe treten zu wollen: Für uns gibt es eine Rangfolge in weingärtnerischer Besessenheit. Spektakulär ist das Projekt von Reinhold Franzen an der Mosel.

Dieser Winzer ist so etwas wie der Edmund Hillary
unter den deutschen Weinerzeugern.

Seine Mission ist es, dem wohl steilsten Weinberg Europas – wenn nicht der Welt –, dem Bremmer Calmont, wieder Früchte abzuringen. Dazu musste er sich nicht nur durch das Dickicht der Brombeeren kämpfen, die den Berg nach Jahren der Verwahrlosung überwucherten, sondern auch durch den Dschungel des Rebflächenkatasters, um aus unendlich vielen zersplitterten Einzelflächen eine große, zusammenhängende Parzelle zusammenzukaufen. Nun ist er dabei, die ersten Jungreben in den kargen Schiefer seines Schicksalsgipfels zu setzen – nicht mit dem Spaten, mit dem Presslufthammer! Franzen hat ein sicheres Gespür für Riesling, die Parzelle in der Fachkaul liegt in einer windgeschützten Mulde hoch über der Mosel. Wie in einem Parabolspiegel treffen dort die Sonnenstrahlen senkrecht auf den schwarzen Stein und sammeln sich in den Trauben in Form von geschmacklicher Energie, zusammen mit der eindringlichen Würze des Schiefers.

Wenn Franzen in seine Wand zieht, tuscheln die Kollegen. Hinter vorgehaltener Hand nennen sie ihn schon den Reinhold Messner von Bremm.

Wiedergeburt der Terrassen

In Winningen, einige Moselschleifen flussabwärts, ist Reinhard Löwenstein in der glücklichen Lage, die Früchte seiner Vision zu ernten. Über Jahre hinweg hat er die baufälligen oder bereits eingestürzten Trockenmauern in den Winninger Premiumlagen Uhlen und Röttgen in mühevoller Arbeit rekonstruiert und so die einzigartige Kulturlandschaft des Terrassenweinbaus seiner Heimat wiederbelebt. Auf den winzigen Vorsprüngen finden manchmal nur wenige Weinstöcke Platz. Unter rein betriebswirtschaftlichen Gesichtspunkten mag sein Projekt Unsinn sein, doch jeder wahre Gärtner wird Reinhard Löwenstein verstehen. Die Magie seines Gartens ist elementar – und wird die nächsten zweihundert Jahre locker überdauern. Löwenstein ist ein glücklicher Mensch: Im Gegensatz zu ihm hat der selige Muskau sein Werk nie vollendet gesehen.

Alle für einen. Einer für alle.

An den Hängen des Donautals arbeiten rund siebenhundertfünfzig Laubenpieper in einer Kolonie, die für uns der schönste Schrebergartenverein ist, den wir kennen: die Freien Weingärtner Wachau. Jedes einzelne Mitglied bewirtschaftet im Schnitt nur einen halben Hektar Weinbergterrassen und beweist, dass das in der Küche geltende Prinzip »Viele Köche verderben den Brei« für sie nicht gilt. Der Chor der vielen einzelnen Stimmen unter der Leitung des Kellermeisters zeigt, dass auch Winzergenossenschaften zu echten Höchstleistungen im Stande sind, wenn sie sich an ein klar definiertes Leistungs- und Qualitätsprofil halten und nicht nur auf Menge produzieren. Die geschmackliche Summe der Weine aus den hängenden Gärten zwischen Spitz und Unterloiben ist eine Reise durch die schillernde Welt des Urgesteins.

Weinbauliche Kompromisslosigkeit legt auch Wolfgang Hehle vom Weingut Deutzerhof im deutschen Weinbaugebiet Ahr an den Tag. In dieser nördlichen Rotweinenklave ist wegen der schwierigen klimatischen Bedingungen besonderes Talent gefordert, das der Draufgänger Hehle Jahr für Jahr mit seinen exzellenten Spätburgundern unter Beweis stellt. Auf den steilen Terrassen im Altenahrer Eck müssen sich die Reben durch den kargen Devonschiefer kämpfen, um an Feuchtigkeit zu gelangen. Auch Wolfgang Hehle kämpft: um den richtigen Ertrag, um den richtigen Erntezeitpunkt zwischen perfekter physiologischer Reife, Überreife und – Fäulnis. Die schneidet er raus, radikal, ohne Kompromisse: »Manchmal habe ich so viel abgeschnitten, da hing zum Schluss gar nichts mehr am Stock«, sagt er mit dem Humor eines erfahrenen Büttenredners. So weit kann Gärtnerleidenschaft gehen.

Aber das ist alles noch völlig harmlos gegen Edi Kantes Projekt im norditalienischen Friaul. Dieser weinbauliche Wiedergänger des Fürsten von Pückler-Muskau kämpft allerdings nicht gegen dürftigen Sand und monotone Weite, nein, er hat es mit dem Karst aufgenommen, jenem unwirtlichen Küstenstreifen, den die Römer und Venezier nach jahrhundertelanger Abholzung hinterlassen haben. Hoch über den Kalkklippen ficht er einen beinahe aussichtslosen Kampf gegen seinen ärgsten Feind, die Bora, einen kalten, stürmischen adriatischen Fallwind, der die Grundlage aller gärtnerischen Bemühungen auf und davon trägt. Pro Hektar lässt er sich bis zu tausend LKW-Ladungen des rötlichen Mutterbodens aus Istrien zurückbringen, um auf dem wieder heimgekehrten Substrat Weinbau zu betreiben. Und zwar im Bonsaiformat. Seine Reben bindet er nur einen lächerlichen halben Meter über der Erde an den Drähten seiner Erziehungssysteme an, damit sie dem Wind so wenig Angriffsfläche wie möglich bieten. Sie schmiegen sich förmlich an den Boden. Kante pflanzt zehntausend Stöcke pro Hektar – das sind mehr als doppelt so viele wie sonst üblich. Und jeder Stock darf nur eine einzige Traube tragen. Wahnsinn!

Für uns ist die Obsession dieser Grenzgänger ein großartiges Geschenk, weil sie uns einmalig intensive Weinerlebnisse vermittelt, die nur möglich sind, wenn Winzer an die Grenzen der Gartenkunst gehen.

Es ist schwer zu sagen, wie guter Wein schmeckt,

aber leicht zu begreifen, wie er entsteht.
Nämlich so!

Rebstock   Alter

Weinberg   Boden

Sonne   Regen   Wind

Kälte   Gefahren

Winzer

Der **Rebstock** besteht aus einem Stamm, aus Blättern und Trauben – und aus seinen Wurzeln. Diese sind zwar für den Betrachter nicht sichtbar, aber für die Weinqualität von herausragender Bedeutung. Die Rebe hat sie im Laufe ihres Lebens tief in den Boden getrieben. Sie können mehrere Meter lang werden, je nachdem, wie fest, steinig oder locker der Untergrund beschaffen ist. Die Wurzeln versorgen die Pflanze mit Feuchtigkeit. Aber nicht nur das. Mit dem Wasser fördern sie auch Mineralien aus der Tiefe und lagern sie in den Trauben ein. Manchmal so viel davon, dass man sie im Wein schmecken kann.

Oberirdisch ist das Holz zu sehen. Aus ihm entstehen in jedem Frühjahr neue Triebe und Blätter. Die Blüte ist völlig unscheinbar, man sieht ihr überhaupt nicht an, was für faszinierende Früchte aus ihr entstehen – Weintrauben. Es gibt auf der Erde keine Pflanze, deren Früchte mehr Zucker enthalten.

Die Weinrebe ist eine Pionierpflanze, sie kann also unter Bedingungen wachsen und gedeihen, bei denen andere Pflanzen abwinken. Zum Beispiel auf unwirtlichen Steilhängen ohne Humus, in großer Hitze und selbst bei langer Trockenheit. Je schwieriger die Wachstumsbedingungen für die Rebe sind, desto besser können die Weine werden. In extremen Fällen sind Rebstöcke regelrechte Überlebenskünstler, zum Beispiel dann, wenn sie sich während einer wochenlangen Trockenperiode über ihr meterlanges Wurzelwerk mit Grundwasser versorgen.

Die biologische Uhr bestimmt die Leistungsfähigkeit des Rebstocks. Der erste Ertrag stellt sich oft erst in seinem dritten Lebensjahr ein, danach trägt er bis zum zwanzigsten Jahr reichlich. Mit zunehmendem **Alter** nimmt jedoch seine Fruchtbarkeit ab, er beginnt weniger Früchte zu bilden, doch ist jetzt die Konzentration der Inhaltsstoffe oft höher als bei jüngeren Reben. Je älter ein Weinstock ist, desto tiefer reichen seine Wurzeln, mit denen er auch in trockenen Sommern immer noch genug Wasser aus dem Boden ziehen kann.

Beste Qualitäten liefert die Rebe im Alter von dreißig Jahren. Fünfzig bis siebzig Jahre alte Reben sind selten, weil die Erträge dann schon sehr gering ausfallen. Alte Rebstöcke tragen kleinere Beeren, was besonders bei Rotwein von Vorteil ist, weil kleinere Beeren mehr Schale und weniger, dafür konzentrierteren Saft liefern und entsprechend intensive Weine ergeben. Einzelne Rebstöcke können hundert Jahre und älter werden. Natürlich steigern sich Geschmack und Intensität des Weins mit zunehmendem Alter nicht automatisch. Auch bei alten und uralten Reben muss der Winzer seinen Verstand einschalten.

Der Ort, an dem die Rebstöcke wachsen, der **Weinberg**, ist ebenfalls von großer Bedeutung. Weinberge werden auch als Lagen bezeichnet und haben meistens einen Namen. Es gibt Steillagen und Flachlagen. Je weiter nördlich Weinbau betrieben wird, desto steiler sind die Lagen – bis zu sechzig Grad Hangneigung. In den steilsten Weinbergen fallen die Sonnenstrahlen im Herbst senkrecht auf den Boden. Dadurch kommen die notwendigen Kilokalorien zustande, die ein Rebstock braucht, um auch weit im Norden vollreife Trauben zu liefern, während im Süden Weinbau in Flachlagen betrieben werden kann. Ein guter Weinberg ist so ausgerichtet, dass er möglichst viele Sonnenstunden im Jahr sammelt. Optimal ist also die Orientierung nach Südosten, Süden oder Südwesten.

Jede Lage bietet den Reben individuelle Wachstumsbedingungen: Manchmal sind Flüsse in der Nähe, deren Wasseroberfläche die Sonnenstrahlen reflektiert, oder der Weinberg hat die Form eines Amphitheaters, wodurch die Reben optimal besonnt und gleichzeitig vor Wind geschützt werden. Entscheidend ist auch die Höhe, denn pro hundert Höhenmeter nimmt die Temperatur ungefähr um ein Grad Celsius ab. Je höher der Weinberg liegt, desto kürzer ist die Vegetationsperiode. Deshalb muss man in nördlichen Anbaugebieten große Höhe meiden, in südlichen Regionen hingegen bietet die Höhe den Vorteil eines entsprechend kühlen und ausgeglichenen Klimas.

Der Charakter eines Weins wird durch zahlreiche Einflüsse geformt. Dem **Boden** kommt dabei eine ganz besondere Bedeutung zu, weil seine Zusammensetzung deutliche Spuren im Wein zurücklässt. Fast jeder Weinberg hat seine eigene, spezifische Bodencharakteristik. Im Lauf der Jahrhunderte haben die Winzer überall auf der Welt festgestellt, dass die einzelnen Rebsorten bestimmte Böden bevorzugen. Einfühlsame, ehrgeizige Winzer respektieren diese Vorlieben, denn nur wenn sich Boden und Pflanze im Einklang befinden, ergibt sich daraus auch guter Wein. Sehr guter oder gar großartiger Wein entsteht sogar nur, wenn ausnahmslos sämtliche Bodenfaktoren auf die Bedürfnisse der Rebe abgestimmt sind. Dazu gehört die Erwärmbarkeit ebenso wie die Wasserhaltekraft oder die Wasserführung.

Die Zusammensetzung des Bodens (zum Beispiel Lehm oder Sand) ist ebenso entscheidend wie das Verhältnis zwischen grobem Steinanteil und verwittertem Gestein (etwa Schiefer, Granit oder Vulkanasche). So gibt es Böden mit hohem Kalkanteil, der meistens aus maritimen Ablagerungen stammt, die sich vor Jahrmillionen abgesetzt haben, als sich das Meer zurückzog. In solchen Gebieten wachsen die Reben auf einer Muschelbank, beispielsweise in der Champagne. Dort wird das Souvenir aus der Urzeit

Crayon genannt – Kreide. Und genau so sieht das Zeug auch aus, weiß wie Tafelkreide. Verdammt noch mal, *es ist Tafelkreide*!

Schieferböden hingegen sind dunkel, so grauschwarz wie das, was auch auf den Dächern liegt. Der Schiefer bietet den Reben den Vorteil, dass er im Sommer die Wärme des Tages speichert und nachts wieder abstrahlt. Dadurch entsteht eine höhere Wärmesumme, die, wir haben es bereits erwähnt, besonders im Norden notwendig ist, um die Trauben zur perfekten Reife zu bringen. Nicht umsonst findet in Deutschland ein guter Teil des Spitzenweinbaus auf Schieferböden statt – weit im Norden beispielsweise, an der Ahr, der Mosel, der Saar.

Ohne **Sonne** läuft im Weinberg nichts. Sie ist für die Reife der Trauben verantwortlich. Im Laufe eines Jahres gehen Hunderttausende von Kilokalorien in Form von Sonnenlicht auf den Weinberg nieder. Und jede einzelne hinterlässt ihre Spuren in den Trauben. Die Blätter der Rebe fangen die Sonnenenergie auf und wandeln sie durch Fotosynthese in Zucker um, der in die Trauben transportiert und dort gespeichert wird. Dies alles geschieht aber nicht kontinuierlich, sondern praktisch in letzter Minute, nachdem der Rebstock alle anderen wichtigen Aufgaben erfüllt hat. Erst nach dem Austrieb und der Blüte im Frühjahr, dem Traubenwachstum und der Verfärbung (bei Rotweintrauben) konzentriert die Pflanze ihre gesamte Energie auf die Zucker- und Aromenbildung. Dafür sind tagsüber viele Sonnenstunden und nachts Abkühlung nötig.

Das Auf und Ab der Temperaturen zwischen Tag und Nacht intensiviert vor allem die Aromatik und die Fruchtigkeit. Besonders wichtig ist diese Phase in kühleren Anbaugebieten, den sogenannten Cool-Climate-Regionen, wo die Reife und das Sammeln von Zucker und Aromen wegen des kühleren Klimas länger dauert als in sonnenüberfluteten Gegenden. Die warmen Anbaugebiete der Welt werden entsprechend Hot-Climate-Regionen genannt. In ihnen geht der Reifeprozess aufgrund der höheren Wärmesumme wesentlich schneller über die Bühne. Das bedeutet allerdings nicht, dass Weine aus diesen Regionen grundsätzlich besser sind. Sie sind anders. In Europa werden die Cool-Climate-Regionen stark vom atlantischen und kontinentalen Klima beeinflusst, während die Hot-Climate-Zonen vom mediterranen Klima dominiert sind.

Doch die Sonne ist nur einer von vielen Klimafaktoren und nicht allein für die Weinqualität verantwortlich. Zu viel und vor allem zu intensive Sonneneinstrahlung kann sogar schädlich für Laub und Trauben sein. Extreme Strahlung kann Schäden an den Blättern hervorrufen oder die Trauben verdorren lassen, weil die Pflanze im Hitzestress den Stoffwechsel auf das absolute Minimum herunterfährt, um selbst zu überleben.

Ohne Wasser verdurstet der Rebstock. Der **Regen** dringt in den Boden ein und löst dabei Mineralien, die der Rebstock mit seinen langen Wurzeln aufsaugt und in den Weintrauben einlagert. In der Regel führen Weinberge aber auch im Untergrund Wasser. Das ist ideal für alte Reben, die durch ihr weit in die Tiefe reichendes Wurzelgeflecht von Niederschlägen an der Oberfläche weitestgehend unabhängig sind. Trockenstress, der während Hitzeperioden vor allem jüngeren Reben Probleme bereitet, ist für die *Best Ager* unter den Rebstöcken ein Fremdwort.

In extremen Hot-Climate-Regionen, zum Beispiel in Kalifornien oder Australien, regnet es oft nicht genug, sodass die Reben nur mithilfe von Tröpfchenbewässerung am Leben erhalten werden können. Durch menschlichen Einfluss in Form von Technik werden die Risiken der Natur minimiert. In einigen Cool-Climate-Zonen hingegen regnet es in manchen Jahren zu viel oder zur falschen Zeit. Vor allem im Herbst, wenn die Trauben fast reif und zuckersüß sind, kann das ziemlich gefährlich werden. Der Rebstock saugt dann viel Wasser an und speichert es schnurstracks in den Früchten, die dadurch wässrig werden. Entsprechend dünn schmeckt später der Wein. Im schlimmsten Fall platzen die Trauben durch den Überdruck auf. Wie ein Lauffeuer breitet sich dann im Weinberg Fäulnis aus und die Mühen des ganzen Jahres waren für die Katz.

Wind sorgt im Weinberg für eine gute Durchlüftung der Rebzeilen, sodass überschüssige Feuchtigkeit verdunsten kann. Zwischen den Beeren sammelt sich gefährliches Regen- und Tauwasser, das auf den reifen, süßen Trauben im Herbst Fäulnis auslösen kann. Die richtige Dosis Wind ist hier sehr nützlich, denn sie lässt das Wasser verdunsten und verhindert außerdem, dass unerwünschte Pilze die Blätter und Beerenhäute befallen. In der Reifephase kann warmer Wind einen günstigen Einfluss haben, denn die Trauben werden durch ihn behutsam und nur geringfügig ausgetrocknet, indem Wasser aus den Beeren verdunstet. Dadurch erhöht sich die Konzentration der übrigen Inhaltsstoffe, vor allem von Zucker, Säure und Mineralien. Heißer Wind ist hingegen oft schädlich, weil dabei die Früchte verdorren, was besonders in südlichen Regionen ein Problem ist. Der überkonzentrierte Wein schmeckt dann nach Dörrobst und weist einen irritierenden Marmeladenton auf.

Nicht nur der Tag mit seinem Sonnenschein ist im Weinberg von Bedeutung, sondern auch die Nacht mit ihrer **Kälte**. Gerade in der Reifeperiode sind kühle Nächte wichtig, weil niedrige Nachttemperaturen für eine kräftige Aromenbildung sorgen. Aber auch die Fruchtsäuren profitieren vom Wechselspiel zwischen heißen

Tagen und kühlen Nächten, sie werden weicher und geschliffener, je länger der Winzer mit der Lese zuwartet. In Cool-Climate-Zonen profitieren die Trauben besonders in geschütztem Mikroklima, etwa in Flusstälern und an günstig exponierten Hängen, vom Auf und Ab der Temperaturen. In Hot-Climate-Zonen sind diese Schwankungen vor allem in Bergregionen ausgeprägt, wo die Nächte bedeutend kühler sind. Dort entstehen die feinfruchtigsten Weine.

Gute Trauben heranreifen zu lassen ist wie ein Roulettespiel: Der Winzer muss bereit sein, Risiken einzugehen. Nur, wenn er die Lese möglichst lange hinauszögert, erntet er wirklich reife und aromatische Trauben. Während dieser Wartezeit drohen von vielen Seiten **Gefahren**, denn die süßen Trauben sind bei Pilzen, Insekten, Vögeln und Wildschweinen – und bei Wanderern – sehr beliebt. Vogelschwärme können ganze Weinberge leer fressen, wobei hungrige Stare besonders gefährlich sind.

Auch das Wetter kann Probleme verursachen. Treten im Frühling während der Blüte Spätfröste auf, kann die gesamte Ernte zerstört werden. Im Herbst können heftige Wetterwechsel wie Gewitter und Hagelschauer dem Rebstock und den Trauben schweren Schaden zufügen. Die Eiskörner schlagen das Laub ab und die Trauben platzen auf.

Die größten Feinde aber sind Krankheiten wie der Falsche und der Echte Mehltau, die das Laub befallen und die Blätter zerstören. Der Rebstock büßt dadurch an Blattoberfläche ein, der Stoffwechsel wird eingeschränkt oder fällt gänzlich aus. Auch Schädlinge gibt es im Weinberg mehr als genug. Der Sauerwurm nistet sich früh im Jahr ein und befällt die unreifen Trauben. Die Reblaus (wir haben sie bereits kennen gelernt) hat der Winzer nur im Griff, wenn er seine Reben auf resistente Unterlagen pfropft, die das unterirdische Wurzelwerk bilden. Zu welchen Mitteln der Weinbauer auch immer greift, er muss dafür sorgen, dass sich die Rebe wohlfühlt. Ohne menschliches Zutun würde sie keine verwertbaren Früchte tragen.

Der **Winzer** ist der alles entscheidende Faktor, wenn es um die Weinqualität geht. Nur dank seiner Arbeit, seines Engagements, seines Einflusses auf die Wachstumsbedingungen reifen Trauben heran, aus denen intensiv schmeckende Weine entstehen können. Das Stichwort heißt Konzentration, und dafür ist vor allem der Winzer verantwortlich. Erzeuger, die auf Masse setzen, produzieren nur durchschnittliche Weine. Winzer hingegen, die sich mit ihrem ganzen Know-how einbringen und keine Risiken scheuen, können einzigartige Trauben ernten, aus denen wiederum einzigartige Weine entstehen.

Und wir alle zusammen sind:

die Informationen

Alle Ereignisse im Jahresverlauf werden als Informationen in den Trauben gespeichert. Jede Traube trägt sie als Summe des Jahres in sich. Der Rebstock kann jedoch nur eine bestimmt Menge an Informationen abspeichern. Verteilt er sie auf viele Trauben, ist der Wein, der aus ihnen entsteht, vergleichsweise dünn. Wenn der Winzer aber steuernd eingreift und dafür sorgt, dass sich die Informationsmenge in einer kleineren Anzahl Trauben konzentriert, kann man das im Wein schmecken. Konzentrierte Weine gehen viel spielerischer mit unseren Sinnen um, sie regen mit ihrer eindringlichen Botschaft unsere Fantasie an und berichten Schluck für Schluck über ihre täglichen und nächtlichen Erlebnisse von damals, als sie noch Trauben waren, draußen im Weinberg, unter freiem Himmel.

Aus Trauben wird Wein

Unsere beiden Winzer, die ein paar Seiten weiter vorne genetisch identische Riesling-Stöcke gepflanzt, aber ganz unterschiedliche Weine aus ihnen erzeugt haben, können uns helfen, ein weiteres Mysterium rund um den Wein etwas besser zu verstehen. Ganz erklären kann man ihn ja nicht. Glücklicherweise. Der Saft der Trauben – Winzer nennen ihn Most –, also dieser Saft, und zwar ganz egal, ob rot oder weiß, schmeckt wie Fruchtsaft. Irre süß, aber auch schön säuerlich, sodass man nach wenigen Schlucken das Bedürfnis verspürt, ihn mit Wasser zu verdünnen, damit er zu einer Erfrischung wird. Das Faszinierende daran ist, dass der Saft in diesem Moment geschmacklich keinerlei Hinweise darauf gibt, wo die Reben gestanden haben. Man schmeckt vordergründig nur den Zucker und die Säure.

ABER:

Wenn aus dem Saft Wein geworden ist, sieht das ganz anders aus. Plötzlich ist alles weg, was sich vorher der lokalen Verortung noch in den Weg stellte. Hat es sich in Luft aufgelöst? Würde man unseren Winzern jeweils ein Glas Saft von der einen und der anderen Parzelle vorsetzen und sie bitten zu probieren und zu sagen, woher welcher stammt, stünden die beiden gewaltig auf dem Schlauch. Sie würden mit den Schultern zucken oder auf gut Glück raten. Aber mit Gewissheit antworten könnten sie nicht. Warum nicht?

Die Gärung

Die Rebstöcke fördern die Sedimente der Erde mit Hilfe der Sonne, des Regens und des Windes zutage und verwandeln alles in einen höheren Energiezustand, den Saft. Danach beginnt die kontrollierte Zerstörung, ein vom Winzer eingeleiteter und gesteuerter Prozess. Die Süße der Frucht verwandelt sich in Alkohol und es entsteht Wein. Dieser Vorgang ist ein fundamentaler Eingriff, alles gerät durcheinander. Der Saft schmeckt plötzlich nicht mehr nach Saft, aber auch noch nicht nach Wein. Es fängt an zu gluckern, Kohlensäure wird als Spaltprodukt freigesetzt.

Und dann dauert es Wochen, bis als Ergebnis dieser Metamorphose – Verwandlung – das Neue endlich geboren ist. Aus Saft ist Wein geworden. Und dieser kann den spezifischen Geschmack des Ortes, an dem er gewachsen ist, freisetzen. Ohne diesen Prozess – Gärung genannt – gäbe es zwischen uns und dem einzigartigen Entstehungsort – der Lage – keine geschmackliche Verbindung. Und wenn man mehr vom Wein verstehen möchte, um mehr Spaß mit ihm zu haben, sollte man sich ein wenig mit der Gärung vertraut machen. Es lohnt sich!

Viele unserer Grundnahrungsmittel entstehen durch Gärung oder Fermentation. Für das Magazin *Die Zeit – Wissen* haben wir Nahrungsmittel aufgespürt, die ihre Existenz einem Gärprozess verdanken. Aber nicht nur das: Sie entstehen durch Gärung mit wilden Hefen. Nachfolgend drei Porträts über Grenzgänger.

Take a Walk on the Wild Side

Ohne Hefe gäbe es kein Brot, kein Bier, keinen Wein. Und auch keinen Rausch. Sympathisch, diese primitiven Einzeller. Werden sie aktiv, spalten sie Zucker in Alkohol und Kohlendioxid. Und weil heute nichts mehr dem Zufall überlassen bleibt, spielen industrielle Hefekulturen eine immer wichtigere Rolle, denn mit Reinzuchthefen können Gärprozesse sicher gesteuert und standardisierte Geschmacksbilder reproduziert werden. Doch nicht überall haben sie sich durchgesetzt: Querdenker in der Bäcker-, Brauer- und Winzerszene setzen auf wilde Hefen. Auf der Suche nach diesen Querdenkern sind wir in Deutschland und Belgien auf drei Persönlichkeiten gestoßen, die mit Hilfe von undomestizierten Mikroorganismen extraordinären Wein, extraordinäres Brot und extraordinäres Bier herstellen.

Die Hefe als Katalysator

Reinhard Löwenstein aus Winningen an der Mosel ist der Meinungsführer unter den Spontangärern Deutschlands, ein wortgewandter Charismatiker, der seinen Riesling ausschließlich mit Hilfe sogenannter wilder Hefen vergärt. Seit Mitte der Neunzigerjahre arbeitet er ausschließlich mit spontaner Gärung. »Wenn man wie ich alles in Frage stellt, dann ist es nur konsequent, auch auf den Zusatz von Reinzuchthefen zu verzichten.« Für Löwenstein ist dies ein Weg hin zu mehr Vertrauen in die natürlichen Fähigkeiten seiner Rieslinge: »Im Terroir, der schöpferischen Synthese von Mikroklima, Boden, Reben und dem Talent des Winzers, liegt das Geheimnis großer Weine«, sagt er.

Im Herbst füllt Löwenstein seinen Most aus extrem spät geernteten, vollreifen und handverlesenen Trauben in Tanks und Fässer und wartet. Wartet. Wartet geduldig, bis die Gärung von selbst beginnt. Der Einsatz von Reinzuchthefe aus dem Labor käme ihm wie ein Vertrauensbruch vor. »Die Hefe lebt in meinen Weinbergen und in meinem Keller. Ich betrachte sie als integralen Bestandteil meiner Terroir-Philosophie, sie ist mein Katalysator bei der Metamorphose von Most zu Wein.«

Löwenstein glaubt fest an das Prinzip der spontanen Gärung, auch wenn Forscher nur sehr wenig Hefen auf den Trauben im Weinberg nachgewiesen haben. Eines aber ist gewiss: Hefe verträgt keine Kälte. »Jedes Jahr um Silvester fallen meine gärenden Weine in den Winterschlaf und wachen meistens erst im Mai oder Juni wieder auf.« Spontane Gärung mit wilder Hefe ist also alles andere als Kuschelsex.

Krieg und Frieden

Viele unterschiedliche Hefearten haben sich in Löwensteins Most verirrt und beginnen eine kriegerische Auseinandersetzung um das verlockende Nahrungsangebot, den Zucker. Beim Kampf um ihr Lieblingssubstrat versuchen sie den Gegner zunächst durch gezielte Vermehrung zu überwältigen, später dann, in der Gärphase, setzen sie biochemische Kampfstoffe wie Alkohol, Penicillin und Killerproteine ein. Sind etwa fünf Prozent Alkoholgehalt erreicht, gewinnt die Spezies Saccharomyces cerevisiae, eine dominante Art mit hoher Alkoholresistenz, die Oberhand, ihre Opfer sinken tot zu Boden.

Im Frühsommer haben die Winzer ihre Weißweine längst abgefüllt, nur Löwenstein nicht. Wieder einmal haben ihm seine Rieslinge aus den terrassierten Steillagen einen Strich durch die Rechnung gemacht. Sie gären auf kleinster Flamme. »Dieses Jahr musste ich alle Weinpräsentationen absagen, weil meine Weine noch nicht fertig sind.« Schlecht fürs Geschäft,

gut für den Wein – bei langsamer Gärung entwickeln sich viele Aromen.

Wir stehen in Löwensteins Keller, in dem seine vor Kurzem wieder aufgewachten Weine vor sich hin gluckern. Nur Tank Nummer achtzehn macht keinen Mucks: »Das hier ist mein größtes Sorgenkind.« Löwenstein rüttelt am Tank, um zu sehen, ob vielleicht doch etwas Gärgas aufsteigt. »Eigentlich ist alles da. Genügend Zucker, ausreichend Nährstoffe und Wärme. Keine Ahnung, was da nicht stimmt.« Löwenstein hat Erfahrung mit den Arbeitsniederlegungen seiner Hefen. »Am schlimmsten war es 2003 beim Riesling aus dem Stolzenberg, der hat eineinhalb Jahre gebraucht. Volle eineinhalb Jahre Terror!« Wer mit wilden Hefen arbeitet, braucht Nerven wie Drahtseile, denn die Gärung kann abbrechen, bevor der Zucker verbraucht ist.

Gehet hin und mehret euch

Solche Risiken gehen nur wenige Winzer ein. Wer legt sein Schicksal schon freiwillig in die Hände völlig unberechenbarer pflanzlicher Einzeller? So konnten die industriell gezüchteten Trockenreinzuchthefen seit ihrem Marktauftritt 1976 einen globalen Siegeszug antreten. Sie bieten viele Vorteile: Die Gärung kommt schnell in Gang und führt selbst bei vierzehn Grad Celsius noch zu völlig durchgegorenen Weinen. In einem Gramm Instant-Hefe steckt die unvorstellbare Menge von zehn Milliarden Zellen Saccharomyces cerevisiae, alle aus einer einzigen Mutterzelle geklont. Als Startimpfung werden pro hundert Liter Most rund zweihundert Milliarden Zellen eingesetzt. Da eine Hefezelle sich alle zwei Stunden teilt, hat sie nach zwei Tagen bereits sechzehn Millionen Nachkommen. Diese Armada walzt alles nieder, was sich ihr in den Weg stellt. Wilde Hefestämme mit einer viel kleineren Startpopulation haben gegen sie nicht den Hauch einer Chance.

Mehl, Wasser und Salz, that's it!

Auch im Bäckereigewerbe hat sich Reinzuchthefe als Standard durchgesetzt, doch zum Glück nicht überall. In Hessen sind wir auf die Udenhausener Bäckerei gestoßen. Dort haben die wilden Hefen im warmen Sauerteig ein Refugium gefunden und dürfen nach Lust und Laune reinhauen. Ihre Gärgase hinterlassen kleine Krater an der Oberfläche. Phhh, pffft, pufff – man

glaubt das lustvolle Schmatzen der Hefezellen regelrecht zu hören.

Am Ortsrand von Udenhausen ragen zwei Silotürme aus Edelstahl in den Himmel. Sie sind bis zum Rand gefüllt mit Roggenmehl Type 997, der ersten und wichtigsten Zutat für das Udenhausener Bauernbrot. Zutat Nummer zwei ist Wasser, Zutat Nummer drei Speisesalz. Das Büro des Bäckereibesitzers Martin Appel liegt direkt über der Backstube. Appel ist ein Quereinsteiger, früher war er Bankkaufmann. »Da hab ich noch kleine Brötchen gebacken!« Heute backt er eindrucksvolle Brotlaibe, deren verlockend brünette Kruste mit herrlichem Relief aussieht wie die von Kratern übersäte Mondoberfläche.

Die ersten Brote entstanden nach dem letzten Krieg noch im gemeinschaftlichen Backhaus des Dorfes. Es war der Großvater von Martin Appels Frau, der Roggenbrot backte und die kompakten Laibe in die vom Hunger geplagten Städte Kassel und Frankfurt lieferte. Seitdem hat sich an der Rezeptur nichts geändert. »Sauerteig ist eine Endlosschleife. Damit kannst du bis in alle Ewigkeit weiterbacken«, stellt Appel die Verbindung zwischen früher und heute her. »Wir haben einfach immer weitergemacht. An unserem Brot hat sich nichts geändert.«

Ein Stockwerk tiefer ist die mikrobakterielle Hausflora gerade bei der Arbeit. Sie wird in drei Stufen aufgepäppelt, bis der Teig backfertig ist. Zuerst vermehren sich bei fünfundzwanzig Grad die wilden Hefen: Etwas Sauerteig wird mit Mehl und lauwarmem Wasser vermengt, worauf Saccharomyces cerevisiae beginnt, ihre Konkurrenz durch gnadenlose Vermehrung an die Wand zu spielen. Nach rund fünf Stunden entwickeln sich in einer zweiten Stufe auch Milchsäurebakterien und geben dem Teig Saures: Es bilden sich milde Milchsäure und kräftige Essigsäure, wobei Letztere dem Udenhausener seinen herzhaft delikaten Geschmack verleiht. In Stufe drei gibt es noch einmal Nachschlag fürs mikrobiologische Kleinvieh. Bei zweiunddreißig Grad fühlt es sich pudelwohl und lässt den Teig aufgehen wie einen Fesselballon.

Heute back ich, morgen brau ich

Nebenan im Backraum demonstriert Martin Appel die Leistungsfähigkeit seiner Öfen. Eine meterlange Gasflamme bringt die Schamotteziegel zum Glühen: »Altdeutsche Steinöfen! Die können wir auf über vierhundert Grad vorheizen, das gibt es kaum noch.« So viel Anfangshitze ist nötig, um den schwerfälligen, feuchten Broten ihre dicke Kruste zu verleihen und sie völlig durchzubacken. Jetzt läuft der Countdown, das letzte Stündlein der Mikroben hat geschlagen. Bäcker Thomas Urstadt schiebt die Laibe in den Ofen. Eine Stunde dauert es, dann ist eine neue Charge Urbrot geboren.

Zwischen dreißig- und fünfzigtausend Laibe verlassen das Dorf pro Woche. Sie werden vor allem in Hessen, einige aber auch bis nach Berlin ausgeliefert. Die weiten Wege sind kein Hindernis, denn das hundertprozentige Roggenbrot ist kompakt und schwer – und vor allem haltbar. Es erreicht erst nach drei bis vier Tagen seinen geschmacklichen Höhepunkt. »Ich möchte kein anderes Brot schlechtmachen«, meint Martin Appel diplomatisch, »aber bei anderem Brot, da müssen Sie am nächsten Tag schon mal den trockenen Anfang wegschneiden.«

Die mikrobiologischen Vorgänge rund um die Gärung kamen erst ans Licht, als Louis Pasteur um 1860 unter seinem Mikroskop die Hefezelle erblickte. Diese Entdeckung veränderte in der Folge die Welt der professionellen Winzer, Bäcker und Brauer – und sorgte auch beim Bier für einen durchschlagenden Erfolg der Kulturhefen.

Der Heilige Gral

Man muss schon zu den bierverrückten Belgiern fahren, um spontan vergorenen Gerstensaft ausfindig zu machen – das Lambik. Nach ihm ist sogar eine Hefeart benannt: Brettanomyces lambicus. Im Umland von Brüssel gibt es noch neun Betriebe, die sich 1999 zu einer Schutzvereinigung zusammengeschlossen haben, dem Rat der handwerklich-traditionellen Lambik-Brauer. Auch die Brauerei Cantillon braut noch in der Tradition der Prä-Pasteur-Ära. »Es gibt Kenner, die behaupten, Lambik sei der Heilige Gral der Bierwelt«, kolportiert Jean van Roy die pathetische Einschätzung einiger Bierfreaks. Der Braumeister von Cantillon verweigert sich hartnäckig den Schlussfolgerungen, die die Bierindustrie aus Pasteurs Forschung gezogen hat, und orakelt: »Der echte Biergeschmack ist in Gefahr!«

Lambik dürfte für unvorbereitete Pilsfreunde so etwas wie eine *Unheimliche Begegnung der dritten Art* sein. Es präsentiert einen Strauß unergründlicher Aromen, die aus einer anderen Welt zu stammen scheinen. Es ist knochentrocken, sehr säuerlich und besitzt keinerlei schmeckbare Süße. »Unser Lambik ist praktisch ein Nullzuckerbier. Bei uns fällt die Süße komplett den Hefen zum Opfer. Sterilfilter, um das Bier süß zu halten, lehne ich ab.«

Jean van Roy braut nur zwischen Oktober und April, wenn in der kühlen Brüsseler Luft jene geniale Mikroflora kreucht und fleucht, die fürs Lambik unverzichtbar ist. Dann pumpt er sein 7500-Liter-Tagewerk in den flachen Kupferbottich unter dem Dach, öffnet die Luken und hofft, dass die wilden Einzeller Appetit auf seinen Köder bekommen und anbeißen, denn der Brausud ist ein verlockendes Gemisch aus fünfundsechzig Prozent Malz und fünfunddreißig Prozent Weizen. Am Tag darauf füllt er den abgekühlten Sud in alte Fünfhundert-Liter-Fässer und hofft, dass sich darin auch die richtigen Gärungserreger eingefunden haben. Nach drei bis vier Tagen geht Saccharomyces cerevisiae so stürmisch zur Sache, dass das Jungbier aus dem Spundloch quillt und sich auf den Ziegelboden ergießt. Cantillon ist eine gigantische Petrischale, eine Arche für ungezählte Hefearten.

Bierschädlinge

Auf die Sturm-und-Drang-Zeit folgt trügerische Ruhe. Nach dem Hungertod ihrer Vorgängerin, die ihnen fünf Prozent Alkohol und ein paar schwer verdauliche Stärkereste hinterlassen hat, machen sich Brettanomyces bruxellensis und Brettanomyces lambicus ans Werk. Tauchen in normalen Brauereien Brettanomyces-Hefen auf, löst dies sofort Alarmstufe Rot aus: Achtung, Bierschädlinge im Anflug! Sie werden gefürchtet, weil sie Ammoniakverbindungen freisetzen, die unangenehme, an Pferdeschweiß erinnernde Fehltöne ins Bier bringen. Aber auch hier kommt es auf die Dosis an, denn geringe Spuren davon geben dem Lambik eine komplexe Würze. Übrigens spielt Brettanomyces auch beim Rotwein eine Rolle. Die richtige Dosis »Brett« gilt unter Experten als das Salz in der Suppe. Zu einem guten Bordeaux, Barolo, Chianti oder Rioja gehört auch ein Hauch Pferdesattel.

Cantillons Lambik reift bis zu drei Jahren in Eichenfässern und enthält keine Kohlensäure. Im Prinzip ist das Gebräu eine Art Getreidewein. Analysen haben ergeben, dass es über achtzig verschiedenen Hefestämmen Nahrung und ein Dach über dem Kopf gibt. »Die Industrie macht das Bier immer milder und süßer«, schimpft der kompromisslose Jean van Roy, der sogar die Mitgliedschaft in der Lambik-Schutzvereinigung verweigert, weil diese auch restsüße Lambiks erlaubt. Der Widerständler postuliert: »Ich versuche, etwas Originales zu retten – aus Respekt vor der Natur.«

Banane und Merlot

Im Zeitalter der kontrollierten Gärung werden sich die Produkte immer ähnlicher. Beim Wein zum Beispiel gewinnt die Eigenschaft der Reinzuchthefen, bestimmte, von den Konsumenten besonders begehrte Aromen zu entwickeln, zunehmend an Bedeutung. So verspricht etwa die Produktbeschreibung der »Oenoferm Bouquet« der Firma Erbslöh: »Gut unterstützt werden exotische Fruchtkomponenten, Cassis und süßliche Blütendüfte.«

Vielen Winzern klingen diese Verheißungen wie Musik in den Ohren: Bananenduft beim Chardonnay, Schwarze Johannisbeere beim Merlot. Dass der Zauber der Gäraromen im Wein oft nur ein paar Monate lang anhält, stört die wenigsten – bis dahin ist er schon längst in den vielen durstigen Kehlen verschwunden.

Ordnung und Chaos

Die wilden Hefen haben für den Winzer Reinhard Löwenstein noch eine weitere Bedeutung: »Für mich ist Riesling nur dann ein authentischer Ausdruck seiner Herkunft, seines Terroirs, wenn auch die im Weinberg siedelnden Hefen den Wein durch ihre individuellen Eigenschaften prägen.« Eine Untersuchung hat in seinem Wein über dreißig lebende und zwanzig abgestorbene Hefearten festgestellt. »Große Weine entstehen am Übergang zwischen Ordnung und Chaos«, findet der Riesling-Winzer, »deshalb ist ein Wein mit nur einer Hefesorte ein toter Wein.«

Die Vielfalt der Hefearten und der extrem lange Hefekontakt in seinen Weinen rufen eine faszinierende Bandbreite an Aromen hervor. Tief und erdig ist der Schiefer zu spüren, auf dem der Wein gewachsen ist, schwere Düfte schweben über dem Glas und der Wein hallt auch nach dem Trinken lange nach. Um solche Ergebnisse zu erzielen, erduldet Löwenstein die Zicken seiner Mikroben: »Warum die Gärung stecken bleibt, weiß ich auch nicht. Aber diese Wissenslücke will ich gar nicht ausfüllen, das ist für mich die Erotik des schöpferischen Prozesses. Sonst wäre ich ja ein Produktmanager.«

Wildes Brot

Martin Appel hingegen ist der klassische Traditionalist. Er könnte wie die meisten Großbäckereien Reinzuchtsauer aus selektierten Hefen und Milchsäurebakterien kaufen und seinem Teig zusetzen. »Das würde nichts bringen. Unser Brot lebt von seinem kräftigen Sauerteiggeschmack und seiner festen Konsistenz – und das ginge verloren.« Sein Brot hat in einer Zeit, in der die automatischen Backstraßen immer länger werden, erfolgreich eine Nische erobert. Das Geschmacksbild dieses ursprünglichen Brotes vermittelt immer mehr Menschen ein Gefühl der Geborgenheit. Dafür nehmen die Udenhausener die Eigenwilligkeiten ihrer wilden Hausmischung gerne in Kauf.

Bäcker Urstadt hat seine Erfahrungen gemacht. »Wir hatten mal zu Testzwecken einen automatischen Teigportionierer und Laibformer im Betrieb. Die Maschine kam mit unserem Teig bestens klar, nur der Teig mit der Maschine nicht. Der ist danach nicht mehr richtig aufgegangen.« Feinsinnig lächelt Urstadt darüber, dass die Winzlinge der drohenden Rationalisierungsmaßnahme einen Strich durch die Rechnung gemacht haben.

Was lange gärt, wird endlich gut

Wie Weißwein entsteht

Die Meinungen darüber, was einen guten Weißwein ausmacht, gehen weit auseinander. Trotzdem wird jeder Winzer, und zwar überall auf der Welt, sich sofort der Aussage anschließen, dass guter Wein nur aus guten Trauben entsteht. In einem Weinkeller passiert eigentlich gar nicht viel, nur im Herbst während der Gärphase geht es dort hoch her. Dann verwandelt sich der Traubenmost in Wein. Diese Transformation ist ein wundersamer Vorgang, denn jetzt geben die Trauben ihr Geheimnis preis. Nach der Gärung, wenn der Zucker (mehr oder weniger) in Alkohol umgewandelt ist, zeigt der Wein sein wahres Gesicht. Dichte, Komplexität, Tiefgang, Aromatik... Doch alles schön der Reihe nach.

Sanfter Druck

Weiße Trauben werden meist angequetscht, damit sich der Saft leichter herauspressen lässt. Manche Winzer lassen die gequetschten Trauben ein paar Stunden oder Tage in ihrem Saft stehen, um mehr Aromastoffe aus den Schalen herauszulösen. Danach kommen die Trauben in eine Presse, die heute meistens mit Luftdruck betrieben wird. Sie arbeitet sehr schonend und übt nur wenig Druck auf die Traubenbeeren aus, sodass kaum Gerbstoffe, die sich vor allem in den Schalen und Kernen befinden, gelöst werden. Gerade bei Weißwein ist das sanfte Pressen wichtig, denn Gerbstoffe können störend sein. Nun lässt der Winzer den Most einige Stunden oder über Nacht in einem Absetztank ruhen, damit sich die Trubstoffe am Boden sammeln. Ziel ist ein möglichst klarer Most, der am nächsten Tag in einen Edelstahl-Gärtank oder ein Holzfass umgefüllt wird.

Gärung

Jetzt gehen die Hefen ans Werk. Entweder verlässt sich der Winzer auf Hefen, die aus der Umgebung stammen, und hofft, dass sie ihre Arbeit gut machen, oder er setzt, wenn ihm dies zu riskant ist, auf genetisch identische Reinzuchthefe. Wie auch immer – Hefezellen sind winzige pflanzliche Mikroorganismen, die Zucker in Alkohol und Kohlensäure verwandeln. Viele Winzer kühlen ihre Gärtanks, damit sich die Weine während der Gärung nicht zu sehr erwärmen. So bleiben die flüchtigen Gäraromen im Wein und gehen nicht mit dem Gärgas verloren.

Eine alkoholische Gärung kann sehr schnell über die Bühne gehen, also in zehn bis vierzehn Tagen, sie kann sich aber auch über Wochen und Monate hinziehen, je nach Temperatur und Hefeart. Wilde Hefen brauchen grundsätzlich viel länger und bringen einen ganz anderen Charakter in den Wein ein als ihre Kollegen aus dem Labor. Dafür besteht das Risiko, dass der Wein nicht durchgegoren ist. Stellen die Hefen ihre Arbeit ein, bevor der gesamte Zucker in Alkohol umgewandelt ist, bleibt Restzucker im Wein. Solche Weißweine nennt man *natürlich restsüße Weine*.

Ausbau

Nach der alkoholischen Gärung verbringt der Weißwein meist ein paar Wochen, manchmal auch einige Monate, in Tanks oder Holzfässern, um zu reifen. Durch die Poren des Eichenholzes gelangen sehr langsam kleine Mengen Sauerstoff an den Wein, was ihn geschmacklich runder macht. Im Stahltank reifen Weißweine viel langsamer, weil sie kaum mit Sauerstoff in Berührung kommen. Manche Winzer lassen die Weine eine Zeit lang auf der Feinhefe liegen, die sich am Fassboden abgesetzt hat. Diese Methode nennt sich *sur lie* – auf der Hefe – und verleiht dem Wein einen deutlichen Hefegeschmack und Aromen, die an Nüsse erinnern.

Holzeinfluss

Reift der Weißwein in einem kleinen Fass aus neuem Eichenholz, einem Barrique, schließt sich meistens noch eine zweite Gärung an, der sogenannte *biologische Säureabbau*. Bei diesem Vorgang wandeln Milchsäurebakterien die im Wein enthaltene, vom Menschen als stechend empfundene Apfelsäure in die angenehm weiche Milchsäure um. Solche Weine haben oft einen buttrig-cremigen Charakter und erinnern ein wenig (manchmal auch zu viel) an Vanille und Toast.

Filtern und Füllen

Umsichtige Winzer verzichten während der Gärung und der Reifezeit auf häufiges Umfüllen der Weine, weil die im Wein gebundene Kohlensäure sonst entweichen und mit ihr die angenehme Frische verloren gehen würde. Wenn junge Weißweine ein wenig Kohlensäure besitzen, ist das also ein gutes Zeichen. Diese Kohlensäure ist ein Überbleibsel aus der Gärung und lässt die besonders sorgfältige Arbeitsweise des Winzers erkennen. Vor der Flaschenfüllung wird Weißwein meist gefiltert und leicht geschwefelt. Vor allem bei restsüßen Weinen besteht die Gefahr, dass die Gärung in der Flasche wieder in Gang kommt, deshalb werden sie etwas stärker geschwefelt als durchgegorene Exemplare.

Wie Rotwein entsteht

Die Bereitung von Rotwein im Keller gehorcht völlig anderen Prinzipien. Der wichtigste Unterschied ist der Umgang mit den Beerenschalen. Während man beim Weißwein die Schalen überhaupt nicht (oder nur für ganz kurze Zeit) mit dabei haben will, würde ein Rotwein ohne sie zu einem blutleeren Wässerchen. Warum? Weil die Farbstoffe roter Trauben – Anthocyane genannt – in der Schale angesiedelt sind und nicht im Saft. Zerdrückt man eine rote Traubenbeere zwischen den Fingern, kommt der Saft transparent und klar zum Vorschein. Um nun eine möglichst intensiv rote Farbe im Wein zu erreichen, müssen die Anthocyane aus der Maische herausgelöst werden. Dazu verwendet der Winzer verschiedene Methoden und Geräte.

Er kann die Maische von Hand durcharbeiten oder das Untertauchen der Schalen mit speziellen Maschinen steuern – Hauptsache, die Maische, also Most und Schalen, wird bei der Gärung bewegt, um die Flüssigkeit mit den Beerenschalen in Kontakt zu bringen. Ob dabei ein Rotationsfermenter eingesetzt wird, der nach dem Betonmischerprinzip arbeitet, ob man die Maische im Überschwallverfahren immer wieder ablaufen und über die Schalen fließen lässt oder ob die festen Bestandteile der Maische mit einem Tauchstempel untergetaucht werden, hängt von der angestrebten Farb- und Gerbstoffqualität ab.

Grundsätzlich gilt: Je kräftiger die Maische bewegt wird und je länger die Rotweine auf der Maische gären, desto farbintensiver und gerbstoffbetonter fallen sie aus. Die Kunst besteht darin, den richtigen Zeitpunkt abzuwarten. Wer zu lange extrahiert, wird mit unangenehm bitterem Wein bestraft, denn in den Schalen befinden sich nicht nur die Farb-, sondern auch die bitteren Gerbstoffe. Noch mehr davon enthalten die Kerne, die ebenfalls Gerbstoffe an den Wein abgeben. Schnell entsteht dann dieses pelzige, stumpfe Mundgefühl, das einem alles zusammenzieht.

Quantität und Qualität der Gerbstoffe hängen vor allem von der Rebsorte und der Traubenreife ab. Manche Sorten wie zum Beispiel der Spätburgunder haben von Natur aus eher dünne Schalen mit verhältnismäßig wenig Farb- und Gerbstoffen. Ganz gleich, für welches Verfahren sich der Winzer bei der Maischegärung entscheidet, meist hat er das Ziel, besonders farbintensive Rotweine zu erzeugen. Schließlich glauben viele Weintrinker, dunkelroter Wein sei besser als hellroter. Dabei sagt die Weinfarbe allein relativ wenig über die tatsächliche Weinqualität aus.

Zeit zur Reife

Frisch vergorener junger Rotwein ist zwar rot, aber noch unausgewogen. Deshalb wird er nach der Gärung von den Schalen getrennt und setzt seinen weiteren Lebensweg in Fässern oder Tanks fort. Rasch konsumierbare Weine mit leichter Gerbstoffstruktur reifen im Tank, während Rotweine mit kräftigen Gerbstoffen mehr Zeit brauchen, um diese in ihr Gesamtgefüge harmonisch zu integrieren. Dazu legt sie der Winzer meistens in Holzfässer, die einen gewissen Sauerstoffaustausch zulassen. Der Atmungsprozess sorgt für die positive Entwicklung solcher Weine.

Doch Fass ist nicht gleich Fass, der Winzer hat die Qual der Wahl. Nimmt er ein großes, schon oft verwendetes Holzfass, dann reifen die Weine langsamer und erhalten fast keine zusätzlichen Gerbstoffe und Aromen aus dem Holz. Entscheidet er sich aber für das kleinere Barrique mit 225 Liter Inhalt, reifen die Rotweine darin nicht nur schneller, sondern bekommen zudem eine gehörige Portion Gerbstoffe und Aroma aus dem neuen Eichenholz mit. Weine aus dem Barrique schmecken deutlich nach Toast und Röstaromen, weil das Fass innen angeröstet wurde. Diese Aromen können an Vanille, kalten Rauch oder Asche erinnern.

Biologischer Säureabbau

Alle Rotweine durchlaufen eine malolaktische Gärung – ein weiterer fundamentaler Unterschied zum Weißwein. Bei diesem Vorgang verwandeln Milchsäurebakterien die sehr aggressive Apfelsäure (malum = lateinisch für Apfel) in die weicher schmeckende Milchsäure (lac = lateinisch für Milch). Ohne diesen als *biologischer Säureabbau* bezeichneten Prozess würden Rotweine nicht als weich, warm und rund empfunden, sondern als roh und sauer.

Filtern

Immer mehr Spitzenwinzer verzichten bei der Produktion ihrer Rotweine auf die Filterung, denn mit jedem Partikel, der vor der Füllung aus dem Wein gefiltert wird, geht auch wertvolles Aroma verloren. Rotweine mit einem Sediment – einem sogenannten *Depot* – am Flaschenboden sind also keine schlechten Weine. Im Gegenteil, sie weisen darauf hin, dass der Winzer besonders sorgfältig gearbeitet hat.

Rosé

Weine, die sich farblich zwischen Rot- und Weißwein bewegen, sind keine Mischung aus Rot und Weiß, sondern aus roten Trauben gemacht und eine Art Vorstufe zum Rotwein.

Sobald die Rotweinmaische sich langsam zu verfärben beginnt – am Anfang ist da nur ein klitzekleiner Farbschleier, der sich von Stunde zu Stunde verstärkt –, hat es der Winzer in der Hand: Lässt er den Most sofort von der Maische ablaufen, wird sein Rosé fast so aussehen wie ein Weißwein.

Nach ein, zwei Stunden sieht die Sache schon ganz anders aus, dann wird der Wein lachsfarben, noch zwei Stunden später altrosa. Auch die Gerbstoffmenge nimmt von Stunde zu Stunde zu. Vergoren wird der Most wie beim Weißwein ganz ohne Schalen und Kerne. Rosé soll ja ein erfrischender Wein sein.

In & out

Wo auf der Welt auch immer man mit Weinerzeugern spricht, stellt man fest, dass sie nach unterschiedlichen Prinzipien arbeiten. Nicht immer haben sie dabei Verständnis für die Methoden der anderen.

Bewässerung: Im niederschlagsreichen Deutschland nur mit Sondergenehmigung erlaubt, zum Beispiel in bedrohlich heißen Jahren. In Kalifornien und Australien hingegen fast immer unerlässlich.

Säuerung des Mosts oder des fertigen Weins mit Wein- oder Zitronensäure: In heißen Ländern eine gängige Praxis, weil die Säurewerte der Trauben wegen der Hitze zu niedrig sind. Ohne Säurezusatz würden die Weißweine einfach nur müde schmecken und frühzeitig altern.

Entsäuerung: In kühlen Ländern mit säurebetonten Jahrgängen können die Säurewerte der Trauben so hoch sein, dass die Weine unharmonisch ausfallen. Deshalb ist es hier erlaubt, den Most vor der Gärung mit kalkhaltigen Mitteln zu entsäuern.

Zugabe von Wasser zum Most: In heißen Anbaugebieten kann der Most so zuckerhaltig sein, dass die Weine einen Alkoholgehalt von sechzehn Prozent erreichen würden. In diesen Fällen fügen die Kellermeister dem Most Wasser zu, um den potenziellen Alkoholgehalt auf vierzehn bis fünfzehn Prozent zu senken.

Senkung des Alkoholgehalts: In heißen Weinregionen wird bei alkoholstarken Spitzenweinen ein Teil des Weins in einer Schleuderkegelkolonne, der *Spinning Cone Columne*, in seine Bestandteile zerlegt und dabei der Alkohol extrahiert. Anschließend wird der entalkoholisierte Teil wieder zum ursprünglichen Wein gegeben, wodurch der Alkoholgehalt um ein paar Volumenprozente sinkt.

Mostkonzentration: In kühlen Anbaugebieten wird ein Teil des Mosts unter Vakuum verdampft, um ihm das reine Wasser zu entziehen. Dadurch konzentrieren sich alle anderen Inhaltsstoffe.

Panta rhei – die Renaissance der Schwerkraft

Seit ewigen Zeiten zieht der Rhein seine silberne Bahn durch den Rheingau. Bis an sein Ufer ziehen sich die Weinberge. Goethe hat sie bewundert, Brahms auch – und heute sind wir an der Reihe. Unser Ziel ist der Steinberg, der berühmteste Weinberg im Rheingau, umgeben von einer kilometerlangen Mauer. Also rechts ab, den Berg hinauf, und schon liegt er vor uns, nur einen Katzensprung vom weltberühmten Kloster Eberbach entfernt, zu dessen Besitztümern diese einzigartige Spitzenlage zählt.

Am Steinberg wurde am 30. Mai 2008 Geschichte geschrieben, als hier die nagelneue Kellerei des Staatsweinguts Kloster Eberbach, des größten Weinguts Deutschlands mit rund 150 Hektar Rebfläche, eröffnet wurde. Einen so großen, architektonisch anspruchsvollen Neubau gab es in der deutschen Weinszene seit ewigen Zeiten nicht mehr. Das Besondere daran ist, dass von dem gigantischen Bau praktisch nichts zu sehen ist. Es wurde ein Riesenloch gebuddelt und ein Keller hineingegossen, von dem der größte Teil fünfzehn Meter unter der Oberfläche verborgen ist. Das Motto der Planer lautete: so wenig wie möglich, aber das vom Feinsten. Der Architekt hat die Kellerei so konzipiert, dass die Trauben mithilfe der Schwerkraft ohne Probleme verarbeitet werden können. Dieses Prinzip hatte man im Weinbau lange Zeit vergessen, nachdem es über Jahrhunderte der einzige Weg gewesen war, ein Weingut zu planen.

Dabei gibt es die Schwerkraft auf unserem Planeten schätzungsweise seit fünf Milliarden Jahren. Physik für Anfänger: Man hebt einen Gegenstand hoch und lässt ihn fallen. Plumps! Wenn er unten angekommen ist, hat man den einschlägigen Beweis für die Existenz der Schwerkraft. Und was hat das jetzt mit Wein zu tun? Jede Menge, denn wenn man bei der Weinbereitung auf Transportschnecken und Pumpen verzichtet, entsteht auch keine Reibung, die bittere Gerbstoffe aus Schalen und Kernen löst.

Im Kloster Eberbach gehört dieses Problem dank Nutzung der Schwerkraft seit 2008 der Vergangenheit an. Oben im Außenbereich werden die Trauben abgeladen und bei Bedarf noch einmal nach Qualität sortiert. Dann geht es abwärts mit ihnen. Im ersten Kellergeschoss purzeln sie in die Pressen, danach fließt der Most in die Absetztanks. Dort sinkt der Trub über Nacht ab und der Saft ist bereit für die Gärung. Dazu fließt er von selbst noch ein Geschoss tiefer in die endlosen Reihen der Gärtanks aus blitzblank poliertem Edelstahl. Wie sagten schon die alten Griechen: *Panta rhei*, alles fließt. Und zwar ganz von alleine. Lecker!

Aber nicht nur die Griechen wissen, was gut ist, auch die Italiener. Das Adelsgeschlecht der Mazzei vom Weingut Fonterutoli in der Toskana hat sich bei der Planung ihres nagelneuen Kellers ebenfalls der Schwerkraft verschrieben. »Unser wichtigstes

Anliegen war, die Weinqualität nicht durch technische Leistungen auszureizen, sondern durch intelligentes Design die natürlichen Möglichkeiten zu nutzen«, sagt Filippo Mazzei. »Gerade die Rebsorte Sangiovese mit ihrer dünnen, aber bitteren Schale braucht eine behutsame Behandlung, sonst wird aus Trauben für Spitzenwein nur Durchschnitts-Chianti.« Filippos Schwester Agnese, eine gefragte Architektin, hat den Neubau für die Familie geplant. »Besonders stolz sind wir auf unsere Klimatisierung durch natürliches Quellwasser, das fünfzehn Meter unter der Erde an den rohen Felswänden entlang-fließt.«

In einer Zeit der verfeinerten Weinkultur kommt es immer deutlicher auf die Zwischentöne an, um wie Castello di Fonterutoli ganz vorne mitzumischen. Guten Wein kann heute praktisch jeder machen, auch mit veralteter Technologie und Ideologie. An die Spitze kommt man aber nur, wenn sich der Kellermeister seinen Weinstil nicht durch die Technik diktieren lässt.

Wer den Wein wirklich zu Ende denkt, landet beim Prinzip der Schwerkraft, weil er dem, was er liebt, keine Schmerzen zufügen möchte. Wie Alois Lageder, der ein paar hundert Kilometer weiter nördlich, in der autonomen Provinz Südtirol, für Furore gesorgt hat. 1996 präsentierte der Charismatiker seinen Neubau in Magreid der Öffentlichkeit und stellte damit ein völlig neues Selbstbewusstsein zur Schau. Für Südtiroler Verhältnisse war dieser Bau eine Sensation. Bis dahin hatten sich die Weinbauern rund um den Kalterer See noch vor ihrer eigenen Massenweingeschichte versteckt. Und nun war da plötzlich einer, der ihnen zeigte, dass es auch ganz anders geht.

Lageder sieht sich und seinen Wein als Teil eines kosmischen Ganzen, eines Kreislaufs. Schwerkraft heißt bei ihm, dass der Wein nicht nur ein Fließschema durchläuft, sondern dass der Weinwerdung eine Form gegeben wird. In seinem siebzehn Meter tiefen Kelterturm hat sie ihren architektonischen Ausdruck gefunden. Das Unikum reicht über mehrere Kellergeschosse, und sein kreisrunder Grundriss ermöglicht Trauben und Most den kürzesten Weg zu den Gärtanks.

»Im Keller kann man qualitativ nichts mehr dazugewinnen, nur verlieren. Um das in den Trauben eingelagerte Potenzial möglichst zu einhundert Prozent zu erhalten, habe ich deshalb das Schwerkraftprinzip zugrunde gelegt«, sagt Alois Lageder.

Auch in Magreid durchlaufen die Trauben übereinanderliegende Ebenen, aber dieser Winzer geht noch einen Schritt weiter. Dank Fotovoltaik funktioniert sein Keller ohne CO_2-Ausstoß, und das schon seit 1996. So weit war damals noch keiner. Ist Lageder also ein esoterischer Spinner oder ein Visonär? »Natürlich hab ich die Leute neugierig gemacht und sie vielleicht auch vor den Kopf gestoßen. ›Des braucht's net, Alois!‹, haben sie gesagt.« Heute ist der Mann für die Südtiroler Weinbauern, was Reinhold Messner für die Bergsteiger: ein Idol.

Von so einem Ruf kann Dieter Greiner, der Geschäftsführer der Staatsweingüter Kloster Eberbach, nur träumen. Und das, obwohl der Kellerneubau bereits zwei Jahre nach Baubeginn fertiggestellt wurde. Greiner ist der Mann im Hintergrund, eine Figur, die niemand auf dem Schirm hatte, weil sie nicht aus dem üblichen Beziehungsgeflecht hervorgegangen ist, das Staatsbetriebe naturgemäß umrankt.

»Ich war der einzige Bewerber ohne Doktortitel und Vitamin B und mit dreißig Jahren auch der Jüngste«, erinnert sich Greiner an seine Bewerbung im Jahr 2000. »Als ich hier eingestiegen bin, habe ich den schönsten Job übernommen, den die hessische Landesregierung zu vergeben hat.« Bis auf das Büro aus den Fünfzigerjahren, in dem noch die zerschlissenen Gardinen aus der Ära Adenauer hingen. »Um ein Haar hätten die den Laden zu Tode verwaltet. Der alte Keller in Eltville platzte aus allen Nähten. Die Trauben wurden zum Pressen fünf Meter hochgepumpt. Ein Albtraum!«

Beinahe wäre so das wichtigste deutsche Weingut den Bach runtergegangen, und dies nach über achthundert Jahren Geschichte. Gegründet wurde es 1148 von Zisterziensermönchen aus Burgund. Sie brachten den Rheingermanen Technik, Know-how, eine effektive Landwirtschaft, Weinbau und die dafür notwendige Transporttechnologie, waren also so etwas wie eine frühe Form der Entwicklungshilfe. Die Mönche unterhielten im fünfzehnten Jahrhundert sogar eine eigene Flotte auf dem Rhein, mit der sie ihre Weine bis nach Köln schipperten, dem deutschen Weinhandelszentrum jener Zeit.

Nach 1945 ging das ehemalige Kloster in den Besitz des Bundeslandes Hessen über und mit ihm auch so klangvolle weinbauliche Immobilien wie der Assmannshäuser Höllenberg, der Erbacher Marcobrunn und der Steinberg – alles erste Sahne. Damit spielt das Weingut Kloster Eberbach weltweit in der Oberliga. Mit Greiner kommt der ehemalige Staatsbetrieb jetzt im Gewand einer GmbH daher, leichtfüßig, entscheidungsfreudig und beweglich. »Ich bin stolz, das drohende Aus abgewendet und einen kleinen Teil zur Weiterführung der Weingutsgeschichte geleistet zu haben«, sagt Greiner. Und lächelt dabei.

Voll auf die ~~12~~ 4!

Kalifornien, Argentinien, Chile, Uruguay, Brasilien, Südafrika, Neuseeland, Australien, Tasmanien, Libanon, Georgien, Zypern – das ist eine kleine Auswahl von Ländern, deren Weine in Deutschland verkauft werden. Und nun noch ein paar Namen von Rebsorten: Albarinho, Pelaverga, Hárslevelü, Agiorgitiko, Assyrtiko, Zierfandler. Stellt sich die Frage: Muss man das alles drauf haben, um mitreden zu können? Und welche Strategie hilft dabei, das Wichtige vom Unwichtigen zu unterscheiden?

»Wein einfach« bietet dir ein Orientierungssystem, das im Alltag leicht anzuwenden ist. Das Wichtigste zuerst: Vergiss einfach das ganze Durcheinander, all die Weine und Rebsorten, die du nicht kennst, auch wenn andere dir weismachen wollen, du müsstest sie aus dem Effeff beherrschen. Gute Dinge müssen einfach, klar und verständlich sein. Und Spaß machen müssen sie auch – wie unser System.

Rückblende

Vor 1950 sah die Weinwelt noch überschaubar aus. Sie zu verstehen war supereinfach. Im Grunde gab es nur vier Klassiker, die international gehandelt wurden und einen Kurswert besaßen, weil ihr Image stimmte:

Deutscher Weißwein vom Rhein und seinen Nebenflüssen. Riesling in vielen Formen und Interpretationen war auf der ganzen Welt begehrt. Besonders die süßen Spätlesen und alkoholarmen süßen Auslesen waren berühmt dafür, Jahrzehnte altern zu können.

Auch Burgund hatte einen exzellenten Ruf, sowohl für elegante Weißweine als auch für feine Rotweine mit hohem Alterungspotenzial.

Und schließlich Bordeaux. Im internationalen Weinhandel waren sowohl die kraftvollen Rotweine wie auch die alkoholreichen Süßweine sehr begehrt. Beide konnten sehr gut und sehr lange reifen. Ein Bordeaux galt buchstäblich als vererbungsfähig.

Alle Weine, die sonst noch erzeugt wurden, hatten einen viel kleineren Handelsradius und wurden deshalb an Ort und Stelle gepichelt. Auf dem internationalen Weinparkett hatten sie keine Bedeutung. Selbst so große Weinnationen wie Italien spielten kaum eine Rolle, sodass auch dort der Großteil der Weinproduktion im Land blieb. Die Turiner tranken Weine aus Piemont, die Florentiner solche aus dem Chianti-Gebiet. Bis Mitte des 20. Jahrhunderts gelangten davon nur vergleichsweise homöopathische Mengen ins Ausland, die an den internationalen Weinbörsen gar nicht auftauchten.

Daran hat sich bis in die 1950er-Jahre nicht viel geändert, jedenfalls was das internationale Weingeschäft betrifft. Einzig die vier Klassiker galten als wertvoll genug, um transportiert, gehandelt und mit entsprechenden Preisaufschlägen an die kleine Gruppe von Weinliebhabern verkauft zu werden. Nur Riesling, weißer und roter Burgunder und Bordeaux hatten das richtige Image und eine Qualität, die als so zuverlässig galt, dass die Weine über weite Strecken transportiert werden konnten.

Erst seit der Weinrevolution der letzten vier Dekaden hat sich das gehörig geändert. Bis dahin wäre niemand auf die Idee gekommen, australischen Wein teuer nach Deutschland oder chilenischen Wein für viel Geld nach China zu verschiffen. Schnell hätten die Frachtkosten den Weinwert überstiegen. Heute, in den Zeiten billiger Containerschiffe, ist dies anders. Mit den Möglichkeiten des modernen Warenhandels ist die Weinwelt schön und vielseitig geworden. Aber eben auch reichlich verwirrend.

Die fabelhaften vier

Unser Prinzip ist einfach und lautet: Nimm 4! Obwohl es heute viel mehr Angebote gibt und die Konkurrenz härter geworden ist, besteht die Weinwelt immer noch aus vier Klassikern. Diese **GROSSEN VIER** sind dein Navigationssystem, das dir gerade am Anfang besonders gut weiterhilft, wenn du den richtigen Weg zum Wein suchst, aber noch nicht weißt, wo es langgeht. Es wird dich sicher ans Ziel bringen.

Stell dir vier Türen nebeneinander vor. Angenommen, du gehst durch die erste Tür: Das ist bei uns die Riesling-Tür. Dort erfährst du zunächst alles, was du über Riesling wissen musst. Und danach lernst du eine ganze Reihe von leichten, fruchtigen Weißweinen kennen, die dir ähnliche Kicks geben können.

Wenn du die dritte Tür wählst, öffnet sich dir die Welt des Bordeaux. Hier machst du Bekanntschaft mit dem erfolgreichsten Rotwein der Welt. Aber nicht nur das – du lernst auch, wie es zu seinem Erfolg kam und warum er noch lange die Nummer eins bleiben wird. Und sollte dir der Bordeaux-Stil gefallen, bekommst du von uns selbstverständlich auch die nötigen Informationen, um ähnliche Weine zu finden, die vielleicht genauso gut oder sogar besser sind – aber nur die Hälfte kosten.

Mach einfach die Türen nacheinander auf und wirf einen Blick hinein. Du wirst überrascht sein, wie supereasy alles ist!

TÜR EINS: Weißwein vom Rhein – die Rebsorte Riesling
TÜR ZWEI: Weißwein aus Burgund – die Rebsorte Chardonnay
TÜR DREI: Rotwein aus Bordeaux – die Rebsorten Cabernet Sauvignon, Merlot und Cabernet franc
TÜR VIER: Rotwein aus Burgund – die Rebsorte Pinot noir

Diese vier sind das Alpha und Ωmega, das Zen, der Dreh- und Angelpunkt der großen weiten Weinwelt.

Eintauchen

Ein paar Worte vorweg: Von jedem Weinstil und jeder Rebsorte gibt es natürlich nicht nur eine einzige mustergültige Interpretation, aber sie lassen sich stilistisch zusammenfassen. Um also die gesamte Bandbreite anzudeuten, haben wir pro Stil zwei repräsentative Weine ausgesucht. Und weil wir hier nichts unter den Teppich kehren, sondern komplizierte Dinge möglichst einfach erklären wollen, haben wir jeweils zwei Weine ausgewählt, die ein großes Spektrum abdecken. Ein einzelner Wein wäre zu wenig gewesen, weil es dann nichts zu vergleichen gäbe, drei wiederum machen die Sache nicht besser. Wichtig ist nur, dass du dir diese Weine besorgst, damit du möglichst schnell und einfach herausfinden kannst, was dir gefällt und wie die Weinwelt wirklich funktioniert. Es wird, so viel sei verraten, spannend werden. Zweimal trinken – nie vergessen.

Doppelt hält besser

Um diese Spannung zu gewährleisten, haben wir immer zwei Weine ausgesucht, die zwar nicht ganz billig sind, sich aber in jedem Fall am oberen Qualitätslevel orientieren. Preise zwischen fünfundzwanzig und vierzig Euro pro Flasche mögen auf den ersten Blick snobby wirken, und wir wissen, dass das eine Stange Geld ist. Aber so viel sollte dir die Sache wert sein, denn mit dieser Investition ziehst du das Erste-Klasse-Ticket. Es ist einfach viel klüger und effizienter, gleich zu Beginn richtig guten Wein zu probieren, sonst brauchst du viel länger, um herauszufinden, was Wein bringen kann – und was nicht. Mit unserer Auswahl kannst du deinen Geschmack einschätzen und erfahren, warum diese Weinstile einen so besonderen Ruf genießen.

Und warum keinen billigeren Wein? Wir haben schon ziemlich viel Geld versenkt für Weine, die zwar wenig kosteten, die wir aber sofort vergessen haben. Ein positives Erlebnis gleich am Anfang ist besser als ein fauler Kompromiss. Wenn du unsere Weine probiert und miteinander verglichen hast, wird es dir später leichtfallen, auch die preiswerten Weine und ihre Grenzen zu verstehen. Nur wer das Original geschmeckt hat, kann sich eine echte Meinung bilden.

Besorg dir also das erste Pärchen. Öffne beide Flaschen und probiere beide Weine gleichzeitig, um sie miteinander zu vergleichen. Nur wenn du beide im Glas hast, kannst du sicher urteilen. Probierst du sie nacheinander, musst du den einen Wein aus deiner Erinnerung abrufen, und das ist verdammt schwierig. Und damit du nicht auf zwei angefangenen Weinflaschen sitzen bleibst, mach einfach ein Fest aus deinem Weintag und lade deine besten Freunde ein. Tu ihnen was Gutes! Denn das ist ja der wahre Grund, warum wir Wein trinken: um Vergnügen daran zu haben und es mit anderen zu teilen.

TÜR EINS:

Riesling

Der Riesling ist Mitglied einer großen Stilfamilie, die viele unterschiedliche Weintypen umfasst. Alle bringen verschiedene Meinungen in die Sippe ein, auch wenn sie ganz viel gemeinsam haben – wie in einer richtigen Familie: Jene, die sich am ähnlichsten sind, haben oft die heftigsten Auseinandersetzungen.

Die verbindenden Merkmale beim Riesling sind ein herzhaftes Bekenntnis zur Säure bei gleichzeitig ausgeprägter Fruchtigkeit. Er ist und bleibt der Erfrischungstyp, und so spielt der Alkohol selten eine dominierende Rolle. Eines aber lässt den Riesling aus allen herausragen: Er hat die Fähigkeit, mit großer Vielfalt auf die Wachstumsbedingungen zu reagieren und sie im Wein auszudrücken. Ein weiterer wichtiger Charakterzug ist, dass er als knochentrocken ausgebauter Wein ein ebenso begehrter Herzensbrecher sein kann wie als wunderbar süßes Elixier, das dir flüssige Poesie ins Ohr säuselt.

Der Riesling ist also ein Wein, der sich in kein Schema pressen lässt – und daher genau das Richtige für Menschen, die sich vom Wein immer wieder überraschen und begeistern lassen wollen. Aber er kann dir auch sehr distanziert begegnen. Er ist nicht der Typ, der einem gleich um den Hals fällt. Dafür wirst du erfahren, dass du dich mit ihm über längere Zeit sehr gut unterhalten kannst, weil er dich nicht durch aufdringliche Nähe nervt. Den Riesling muss man einfach auf sich zukommen lassen. Wenn der Richtige dabei ist, wird's bei dir garantiert funken.

Und warum ist Riesling so besonders?

Dieser Weißweintyp entfaltet seine wahre Größe nur in kühlem Klima. Wenn die Winzer der Riesling-Traube Zeit zur Reife geben, holen sie aus ihr jede Menge Frucht heraus, und entsprechend aromatisch fällt der Wein dann aus. Mal ist er knochentrocken und duftet wie ein Korb voll reifer Früchte. Dann wieder duftet er nur ganz schwach, explodiert aber im Mund, weil er so viel fruchtige Süße an Bord hat. Manchmal glaubst du sogar Traubensaft zu trinken, so saftig ist der Wein.

Das bestechendste Merkmal des Rieslings ist seine bemerkenswerte Fruchtigkeit, die von grünem Apfel über Aprikosen bis hin zu exotischen Früchten wie Maracuja reichen kann, je nachdem, wie reif der Winzer seine Trauben geerntet hat. Häufig ist die Frucht gepaart mit spürbarer Säure, was am Anfang durchaus gewöhnungsbedürftig sein kann. Dafür klingen die Aromen dann lange und intensiv nach. Das macht den Wein so belebend und appetitanregend.

Wundere dich daher nicht, wenn du nach einem guten Glas Riesling nur noch fünf Buchstaben im Kopf hast: **ESSEN!**

Wann ist Riesling besonders sexy?

So richtig verführerisch gibt er sich an einem lauen Sommerabend, wenn die ersten Sterne leuchten und die große Hitze sich verflüchtigt hat. Riesling ist ein Wein, an dem man nicht bloß ein wenig nippt, sondern einer, der Lust auf ein, zwei Gläser mehr macht. Und nach dem Essen, wenn du schon jeden anderen Wein getrunken oder probiert hast, ist ein frischer, knackiger Riesling praktisch das Einzige, was noch geht.

Hier noch ein ganz persönlicher Tipp: Eine wirklich hervorragende Performance gibt der Riesling zum Käse ab, etwa zu weichem Ziegenkäse oder einem gereiften Alpkäse.

So, sind deine Freunde da?

Hast du die beiden Weine besorgt und kühl gestellt?

Stehen die richtigen Weingläser – langstielig, großkelchig, aus möglichst dünnem Glas – bereit? Du brauchst davon pro Person zwei Stück, damit ihr in Ruhe vergleichen könnt.

Bist du also bereit für die große Riesling-Bescherung?

Riesling 1

Weingut Reichsrat von Buhl, Pfalz
Forster Ungeheuer Riesling trocken (Großes Gewächs)

Duft: Direkt nach dem Öffnen der Flasche scheint sich der Duft des Weins noch ein wenig vor deiner Nase zu verstecken. Doch das ändert sich mit jeder Minute. Nach einer Weile können Erinnerungen an geschälte Äpfel, abgeriebene Zitrone, gepellte Mandarinen und harzige Grapefruit hochkommen. Dieser Strauß an Düften ist sehr klar und frisch und bleibt auch nach längerer Zeit bestehen. Vielleicht kommen dir dabei auch noch Narzissen in den Sinn. Dieser Riesling scheint ein feines Gespür für die Ausgewogenheit seiner Duftmischung zu haben. Nichts drängt nach vorne, Aufdringlichkeit ist diesem Wein vollkommen fremd.

Geschmack: Spontan übernimmt die Fruchtsäure die Führung durch den Mund. An ihrer Dynamik scheinen sämtliche Geschmacksbestandteile des Weins aufgehängt zu sein. Schmeckst du die Süße und die bereits erwähnte kräftige Säure des Rieslings? Diesen interessanten Hauch von Bitterkeit und Grapefruit auf der Zunge, ganz hinten am Gaumen? Der Körper des Ungeheuers entfaltet im Mund wenig Opulenz, aber seine Sehnen sind unheimlich kräftig. Jeder Schluck ist wie eine Welle, die auf einen Kiesstrand rollt. Und jedes Mal bewegen sich die Steine. Dafür ist jede Menge Energie nötig, die in diesem Ungeheuer auf die denkbar angenehmste Weise gebündelt ist. Da kann man stundenlang zuschauen, ohne dass einem langweilig wird.

Riesling 2

Weingut Heymann-Löwenstein, Mosel
Winninger Uhlen Riesling (Erste Lage)

Duft: Dies ist ein Riesling, der unmittelbar nach dem Einschenken förmlich aus dem Glas brüllt. Er will deine volle Aufmerksamkeit, und zwar sofort. Zuerst wirkt der Duft fast ein wenig chaotisch. Erst allmählich, wenn du ihn wieder und wieder gerochen hast, könnte es dir gelingen, einzelne Eindrücke zu benennen: vollreife Mirabellen und Aprikosen und Quitten. Pfirsiche und Ananas, Hefe und Thymian. Ein warmer Duft, eine eher spätsommerliche Stimmung, als hinge ein Gewitter in der Luft. Nicht alles lässt sich entschlüsseln, manches bleibt verborgen – das macht den Uhlen so geheimnisvoll. Es ist ein Wein, der seinen unergründlichen Duftschleier nie ganz fallen lässt. Man fühlt sich wie auf einem Gewürzbasar, wo es immer Gerüche gibt, die einem fremd sind.

<u>Geschmack:</u> Auch beim Geschmacksverlauf übernimmt die Fruchtsäure die Führungsposition, aber sie verweilt weniger lang als beim Ungeheuer. Innerhalb kürzester Zeit füllt sich der Mund mit den vielen unergründlichen Aromen, die sich in deiner Atemluft ausbreiten und Besitz von jedem Molekül ergreifen. Dieser hoch konzentrierte Riesling aus den extremsten Schieferterrassen brennt sein Feuerwerk ab und hinterlässt nach seiner Vorstellung einen fantastischen Staubduft. Und das alles steckt in jedem kleinen Schluck, den du nimmst.

Ist es nicht verblüffend?

Beide Weine sind zu hundert Prozent aus Riesling gemacht, aber sie erzählen uns zwei ganz unterschiedliche Geschichten. Bis heute kann man dieses Phänomen eigentlich nicht präzise begründen und herleiten, obwohl natürlich Klima, Boden, Niederschlagsmenge, Sonneneinstrahlung, Wärme-Kälte-Spiel im Herbst und all die anderen Variablen deutliche Spuren im Wein hinterlassen. Es gibt eben Dinge beim Wein, die sich einer Erklärung entziehen. Und vielleicht ist es gerade das, was ihn unsterblich macht.

Ein wenig mehr Frucht hier, etwas höhere Säure dort, und schon sind da zwei völlig verschiedene Weine – die aber doch beide ganz typische Rieslinge sind.

Aus beiden ergießen sich LKW-Ladungen voller Früchte, praktisch alles, was die Natur bereithält. Und beide strotzen vor Mineralien, welche die Rebstöcke mit ihren Wurzeln aus dem Boden gesaugt haben und die nun unterschiedliche Spuren im Mund zurücklassen: Der eine legt Sedimente des Moselschiefers auf die Zunge, der andere die Hinterlassenschaften von Buntsandstein-Verwitterungen mit Ton- und Kalkanteilen. Und weil beide Winzer das höchstmögliche Aroma herausgeholt haben, ist die Menge der geernteten Trauben ziemlich gering. Doch dieses Wenige ist so konzentriert und reich an Mineralien, dass beim Trinken des Weins sogar ein leicht salziger Geschmackseindruck entsteht. Was sich hier zeigt, ist nichts weniger als die Maximierung aller Möglichkeiten.

Übrigens, so ganz unter uns gesagt: Preiswerter wirst du dieses großartige Mundgefühl bei keinem anderen Wein finden. Riesling ist ein unterbezahlter Weltklassewein, vor
allem im Vergleich zu Weinen, von denen behauptet wird, sie würden ähnliche Leistungen bringen. Bei jedem weiteren Riesling, der dir in Zukunft begegnet, wirst du feststellen, dass diese überraschende Vielfalt, diese enorme Bandbreite an Geschmacks- und
Erscheinungsformen typisch für ihn ist. Der eine bietet mehr Pfirsichfrucht, Aprikosen
und Äpfel, der andere eher Düfte, die an Erde und nasse Steine erinnern. Der eine wirkt
fleischiger, ausladender, opulenter, der andere verströmt herbstliche Melancholie.

Fortschritt

Mit dem, was du nach unserem ersten Pärchen über die Sorte Riesling weißt, wirst du
genug Grundwissen besitzen, um zu beurteilen, ob der Riesling zu deinem künftigen
Leben gehören wird oder nicht. Damit kannst du dem Überangebot an Weinen ein funk-
tionierendes Koordinatensystem gegenüberstellen. Riesling ist darin eine Konstante. Mit
ihm im Gedächtnis kannst du durch die Angebote der Weinwelt tingeln und dich sicher
orientieren. Denn was für den Riesling gilt, gilt auch für seine Freunde, also alle Rebsorten, die ihm im Charakter ähneln, etwa Grüner Veltliner, Silvaner oder Sauvignon blanc.

2004 haben wir für das Magazin *Stern* über Ulrich Franzens Projekt im Bremmer
Calmont – sein Beitrag gegen das Sterben der Steillagen an der Mosel – berichtet.

Die steilste Lage

Moselrhythmus – da gondelt man so von einer Schleife in die nächste und alles
ist schön lieblich und malerisch. Doch plötzlich mutiert der sanfte Rebhang zu
einer Steilwand, die sich wie ein schwarzer Riese der engsten aller Moselschleifen
entgegenstellt: der Bremmer Calmont, steilster Weinberg Europas, wenn nicht
der Welt. Schlagartig wechselt das Harmlose ins Dramatische, das Vertraute ins
Extreme. Selbst die Eisenbahningenieure in ihrem gründerzeitlichen Pioniergeist
mussten vor dem steinernen Monstrum kapitulieren und ihre Trasse quer über
die Mosel führen, um sie durch den harmlosen Hang am anderen Ufer zu bohren.

Elf Hektar umfasst der Calmont im Ganzen, 1,5 Hektar davon nennt Ulrich
Franzen sein Eigen. Das ist in einer Supersteillage ein Haufen Zeug – da oben ist
reine Handarbeit gefragt. Doch bis zum ersten Wein war es für Franzen ein weiter
Weg, an dessen Anfang ein Stück verwilderter Steilhang stand.

Der schöne Calmont! Ulrich Franzen aus Bremm hat den Wiederaufstieg als
Erster angetreten. »So ein Land! Viel zu schade für das Gestrüpp.« Er schaut in

Richtung Himmel, wo sein neues Baby auf ihn wartet. »Zuerst mussten die Brombeersträucher und der Ginster dran glauben.« Also Angriff mit der Hacke. Eine Mordsquälerei, vor allem die Wurzeln. Danach folgte die Anlage der Monorackbahn – eine Extrem-Zahnradbahn, Franzens Highway to Heaven und ein Quantensprung der Fortbewegung in der Steilwand. Manchmal fährt er einfach nur hinauf mit Iris, seiner Liebsten, ganz ohne Ladung, fast senkrecht in die Höhe.

Ulrich Franzen will nach oben. Er reißt den Honda-Motor an, der verzinkte Schienenstrang beginnt zu singen und zu scheppern. Franzen gibt Gas, im Fahrtwind riecht es nach verbranntem Benzin. Die Bahn befördert Passagiere und Material im Kriechgang in die Höhe, mitten durch die Weinstöcke, vorbei an verwilderten Parzellen. Überall lauern die Brombeeren und warten nur darauf, aus Kultur- und Rebland Wildnis zu machen. Rechts und links Beweise ihres Feldzugs: undurchdringliches Dickicht. Dann endlich ein kahles rötliches Dreieck, Franzens Insel der Glückseligkeit.

Eisenhaltiger Schiefer aus dem Devon, entstanden vor schätzungsweise vierhundert Millionen Jahren, also praktisch kurz nach der Ursuppe. Im Urmeer war er mal weicher Schlamm und Schlick. Franzen schwingt die Hacke: »Hier im Boden ist alles, was die Reben brauchen.« Er bückt sich zu den Steinen: »Nur 'n bisschen kohlensauren Kalk kriegt der, mehr nicht. Um den pH-Wert anzuheben, weil der Boden im leicht sauren Bereich liegt. Die Nährstoffe sind dann besser für die Reben verfügbar.« Ohne die Mosel gäbe es so weit im Norden keinen Weinbau.

Oberhalb von Mainz ist Schluss – es sei denn, es herrschen ganz besondere Bedingungen. Dazu braucht es einen Steilhang, auf den die Sonnenstrahlen auch im Herbst fast senkrecht auftreffen, damit die Kilokalorien für richtig reife Trauben zusammenkommen; einen dunklen Stein, der Sonnenwärme speichert und nachts abstrahlt – wie der Schiefer; eine Rebsorte, die sich bis in den November hinein ihrem Stoffwechsel widmen und Traubenzucker sammeln kann – wie der Riesling; ein Flusstal, über das die kalten Winde hinwegbrausen, und viele Schleifen, die, einem Amphitheater gleich, über geschützte Lagen verfügen. All das bietet die Mosel – und in Perfektion der schwarze Riese.

Lagen wie diese holt sich der schleichende Steillagen-Tod zuerst. Denn ein Winzer überlegt dreimal, ob er sich für wenig Geld ganz oben abrackern oder sein Glück in der komfortablen und traktortauglichen Ebene versuchen will. Aber Franzen kann einfach nicht tatenlos zuschauen, wie der Riese fällt. Sechstausend Reben hat er gesetzt, jede einzelne in den kargen Schiefer gehackt. Keine Erde, nur Steine. Ein hartes Los für die jungen Sprösslinge, da Fuß zu fassen. Und jetzt ist der erste Wein in der Flasche.

Durch die Realteilung bei der Erbfolge wurde jede Parzelle im Lauf der Jahrhunderte zersplittert. Heute sieht das Lagenkataster aus wie eine Windschutzscheibe nach ungebremstem Aufprall. Manche Parzellen im Calmont sind durch das unentwegte Teilen auf Handtuchgröße geschrumpft. Dieses Chaos würde von den Katasterbeamten bis in alle Ewigkeit weiter verwaltet, wäre nicht Franzen gekommen: »Mit zweiundvierzig verschiedenen Eigentümern und Erbengemeinschaften zu verhandeln, um alle hundertzwölf Parzellen zusammenzukriegen, das hätte ich nicht geschafft.« Bernd Ternes hat im Kulturamt in Mayen den lästigen Papierkram erledigt und das Unmögliche möglich gemacht. Jetzt besitzt Ulrich Franzen nach Tausch und Kauf 1,5 Hektar Calmont, und so wächst in der dünnen Luft dreihundert Meter über der Mosel wieder Wein.

Der Calmont ist eine Einzellage, die einzigartigen Wein hervorbringen kann: staubig, salzig, mineralisch. Wenn der Steilhang alle Register zieht, fliegt einem das Blech weg. Franzen gibt sich mit dem Calmont seine Würde und damit seine Bestimmung zurück: richtigen Wein zu machen. »Ich will Unikate rüberbringen, nicht Everybody's Darling sein. Dieser Mikrokosmos ist ein Vorzeigeobjekt für die ganze Welt.« Wenn die Fläche in ein paar Jahren voll im Ertrag steht, wird Franzen sechstausend Flaschen Wein aus dem Berg holen – eine Flasche pro Stock. Mehr nicht.

Auf der Rasierklinge

Der Riesling liebt das Extrem! Am wohlsten fühlt er sich um den fünfzigsten Breitengrad, der durch Mainz verläuft. In solchen Gegenden muss er sich regelrechte Klima-Nischen suchen, in denen er trotz kühler Temperaturen zur vollen Reife gelangt. Dann ist die Begegnung mit ihm ein großes, unvergessliches Ereignis. Und dass er dabei unterschiedlicher ausfällt als andere wichtige Weißweine, liegt daran, dass sich die Produzenten mehr Interpretationsspielraum erlauben – vor allem in Bezug auf seine Süße. Vielleicht wirst du aus diesem Grund ein bisschen länger brauchen, um dir einen vollständigen Überblick über die verschiedenen Riesling-Stile zu verschaffen. Unsere beiden Exemplare bilden ja nur einen kleinen Ausschnitt.

Der Schwerpunkt des Riesling-Anbaus liegt in Deutschland, wo die Sorte in allen dreizehn Anbaugebieten kultiviert wird: Saale-Unstrut, Sachsen, Ahr, Mosel, Mittelrhein, Nahe, Rheingau, Rheinhessen, Franken, Hessische Bergstraße, Württemberg, Baden und

Pfalz. Im weltweiten Vergleich gehören diese Weinbaugebiete zu den nördlichsten über-haupt, was nicht ohne Folgen bleibt. Wegen der niedrigen Durchschnittstemperaturen während der Wachstumsperiode braucht die Rebe länger, um reife Früchte zu bilden. In manchen Gebieten Deutschlands sind hundertfünfzig Tage Reifezeit die Regel, während in südlichen Anbaugebieten die Trauben oft schon nach neunzig Tagen geerntet werden. Diese sechzig zusätzlichen Tage machen das Geheimnis des Rieslings aus: In dieser Zeit entwickelt sich der einzigartige geschmackliche Mehrwert.

Riesling ist langsam, doch in der Ruhe liegt bekanntlich die Kraft. Der Rebstock reichert alle Geschmacksinformationen, die er seiner Umgebung entnimmt, in seinen Früchten an. Hinzu kommt als wichtigster Aromabeschleuniger das Wärme-Kälte-Spiel im Oktober: warme Tagestemperaturen und starke Abkühlung in der Nacht. Goldene Tage, richtig kalte Nächte, das ist das Rezept, dem der Riesling seinen Ruf als Aroma-bombe verdankt. Dazu braucht er natürlich die richtige Umgebung: geschützte Flusstäler, in denen sich tagsüber die Sonnenwärme staut und nachts die Kälte von oben hinein-kriecht, ohne dass der Frost seine verheerende Wirkung entfalten kann. Das ist Weinbau auf der Rasierklinge.

Frucht-Säure-Spiel

Das markanteste Merkmal des Rieslings ist seine erfrischende Säure, die häufig höher liegt als bei anderen weißen Sorten und ebenso ausgeprägt ist wie seine Fruchtigkeit. Aus diesem Zusammenspiel ergibt sich ein ganzes Spektrum verschiedener Geschmacks-bilder. Allerdings zeigt sich die Säure meist im Zusammenklang mit ihrer Gegenspielerin, der Süße. Damit puffern die Winzer die Säure ab, was den Weinen im Idealfall eine große innere Balance verleiht.

Mit der fruchtigen Säure des Rieslings hat es eine ganz besondere Bewandtnis, auch wenn manche negativ darüber reden – und an gar nichts anderes denken. Sätze wie »Ich krieg vom Riesling immer Sodbrennen« sind nicht selten zu hören. Und in der Tat gibt es Vertreter dieser Rebsorte, auf die diese Aussage zutrifft, weil die Säure scharf, hart und ungehobelt daherkommen kann. Doch hinter solchen Weinen stehen eher Winzer, welche die Sorte missverstehen. Es ist nicht jedem Produzenten gegeben, jedes Jahr optimale Traubenreife im Einklang mit perfekten Aromen und einer geschmeidigen Säurestruktur zu erreichen.

Das beste Gegenbeispiel sind unsere beiden Weine, die deutlich machen, wie aus-gewogen der Riesling sein kann. Sie haben beide eine gute, angenehme Säure, die das Geschmackserlebnis regelrecht beschleunigt und intensiviert. Sie liefern den Beweis, dass es auf den Winzer ankommt! Unser Riesling vom Winninger Uhlen zum Beispiel zeigt, dass es sogar an der Mosel möglich ist, harmonische Rieslinge zu erzeugen, wo doch diese Region eigentlich für säurebetonte Weine berühmt ist. Diese Art von Fruchtsäure kann alle anderen Bestandteile im Wein positiv beeinflussen und ihm zu seiner wichtigsten Funktion verhelfen, nämlich auch ein Erfrischungsgetränk zu sein. Entscheidend bei all dem ist der Reifegrad der Säure.

Von der Apfel- zur Weinsäure

Ein Riesling, bei dem du das Gefühl hast, außer Säure nichts im Mund zu haben, ist natürlich eine Katastrophe, auch wenn Liebhaber extremer Säure bei solchen Weinen ins Schwärmen geraten. Unreife, grüne Trauben schmecken aggressiv sauer, wie unreife Äpfel, und enthalten genau wie sie einen hohen Anteil an Apfelsäure. Je reifer die Trauben werden, desto stärker sinkt der Gehalt dieser spitz schmeckenden Apfelsäure. Dafür steigt jener der runden Weinsäure an, einer viel angenehmeren, bekömmlicheren Säure, die als geschmeidig, weich und attraktiv empfunden wird.

Das ist das große Geheimnis von ausgewogenen, trockenen Rieslingen. Hier sorgt die Geduld des Winzers im Zusammenwirken mit der Natur für eine Säurequalität, die ihresgleichen sucht. So gut gibt es das nur beim Riesling. In nördlichen Anbaugebieten wie der Mosel kann der Winzer den Trauben viel Zeit zur Reife geben, ohne dass sich gleichzeitig zu viel Zucker bildet, der den Wein alkoholisch macht und aus dem Gleichgewicht bringt. Unser Riesling vom Winninger Uhlen ist dafür ein gutes Beispiel.

So etwas sagt sich natürlich leichter, als es für den Winzer ist, schließlich sind Trauben ein Naturprodukt und den Elementen – Regen, Wind, Sonne – schonungslos ausgesetzt. Und je süßer sie am Rebstock werden, desto beliebter sind sie bei Wildschweinen und Vögeln, die sich über die leckeren Trauben hermachen. Aber auch für Schimmelpilze sind sie ein Festessen. Die Einzeller richten regelmäßig größte Schäden an, indem sie die Beerenhaut befallen und damit der Fäulnis Tür und Tor öffnen. Am allerschlimmsten ist feuchtwarmes Klima, in dem sich Essigfäule rasend schnell ausbreitet. Weinbau auf der Rasierklinge ist also nicht nur das geduldige Warten auf die perfekte Reife, sondern auch ein gefährliches Pokerspiel. Gute Winzer sind immer auch Zockertypen.

Franz Kafka: Vor dem Gesetz

Im deutschen Weingesetz ist alles haarklein geregelt – und kann auf dem Etikett auch angegeben werden. Das unterscheidet die deutschen von den Weinen aus anderen Ländern, wo zwar oft auch viel geregelt, aber nicht immer alles deklariert wird –

oder werden muss. Das mutet manchmal an wie in Franz Kafkas Romanen, in denen Herr K. der Willkür derjenigen ausgesetzt ist, die vorgeben, nur das Gesetz zu befolgen. Jedenfalls macht es die deutsche Weinbürokratie dem Novizen nicht leicht, schnell und einfach Zugang zum Wein zu finden. Im folgenden Absatz werden wir daher versuchen, ein wenig Ordnung in den deutschen Begriffswirrwarr zu bringen, getreu unserem Grundsatz

Wein einfach

Home, Sweet Home

Wer deutschem Riesling begegnet, wird auf die Begriffe *trocken*, *halbtrocken* und *feinherb* treffen. Das sind alles Umschreibungen für den jeweiligen Zuckergehalt im Wein. Meist handelt es sich dabei um unvergorenen Zucker aus den Trauben, weil die Hefen ihre Arbeit eingestellt haben, bevor der gesamte Zucker in Alkohol umgewandelt war. Dadurch verbleibt im Wein ein Rest vom ursprünglichen Zucker, den die Trauben gebildet haben.

In Deutschland ist die Deklaration des Restzuckergehalts von Weinen gesetzlich geregelt:

Trocken: Weine mit bis zu neun Gramm Zucker pro Liter.

Halbtrocken: Weine mit bis zu achtzehn Gramm Zucker pro Liter.

Weine mit über achtzehn Gramm Zucker pro Liter schmecken deutlich süß und tragen in der Regel keinen Geschmackshinweis auf dem Etikett.

Feinherb: gesetzlich nicht geregelt. Meist haben solche Weine zwischen zehn und zwanzig Gramm Zucker pro Liter, manchmal auch mehr.

Was das Gesetz sagt, ist nur die eine Seite der Medaille. Fest steht jedenfalls, dass Riesling nicht nur als trocken ausgebauter Wein, sondern auch mit einem etwas höheren Süßegehalt gut schmeckt. Dieses Phänomen verdankt er seiner Fähigkeit, die Zunge durch die ungeheuer vielfältig schmeckende Fruchtsäure zu bezirzen.

Säure und Süße verhelfen den halbtrockenen, feinherben oder noch süßeren Weinen zu einem ganz besonderen Auftritt, wobei diese Begriffe natürlich nur eine Umschreibung für ein Geschmacksbild sind. An ihrer Stelle könnte auch *halbsüß* oder *leicht süß* oder *ein ganz klein bisschen süß* auf dem Etikett stehen. Oder auch *richtig fett süß*. Der Riesling ist in der Lage, als restsüßer Wein die große Nummer auf der Zunge abzuziehen. Auch das gehört auf die lange Positivliste dieser wunderbaren Rebsorte.

Hitchcock zum Trinken

Das mit der Süße im Wein ist natürlich nicht ganz einfach, schließlich ist der Wein ja deshalb süß, weil sein Gärprozess nicht bis zum Ende abgelaufen ist. Theoretisch könnte die Gärung jederzeit wieder beginnen, indem sich Hefen über die restlichen Zuckermoleküle hermachen. Wie schafft es aber der Winzer, dass ein Riesling manchmal zehn, zwanzig oder gar hundert Gramm Zucker hat, ohne dass es zu einer Nachgärung kommt und der Korken aus der Flasche knallt? Möglich macht es die Technik: Der Winzer stoppt die Gärung am gewünschten Punkt, indem er den Wein kühlt. Die Hefen stellen ihre Arbeit ein, der Winzer filtert den Wein, schwefelt ihn leicht und füllt ihn in die Flasche. So bleibt er dauerhaft stabil.

Solche natürlich restsüßen Weine können einen aus den Socken hauen, weil sie ganz jung unglaublich fruchtig, saftig und delikat schmecken. Sie sind aber auch wahnsinnig lange haltbar und sehr wandlungsfähig und können einem nach vielen Jahren Lagerzeit als echte Entertainer wieder begegnen. Reifer Riesling kann so spannend sein wie ein guter Film, der plötzlich eine völlig unerwartete Wendung nimmt.

Sprachmurks

Trocken – das ist ja auch eine Form von Sprachmurks. *Wein ist doch nass...* Wir wundern uns inzwischen nicht mehr über diese eigentlich widersinnige Bezeichnung, weil wir uns längst daran gewöhnt haben, dass damit ein Wein mit einem sehr niedrigen Restzuckergehalt gemeint ist. Jedenfalls hat der Begriff trocken in Deutschland eine besondere Bedeutung, denn hierzulande wird zwischen trockenen und süßen Weinen unterschieden.

Und wie erkennst du nun, ob ein deutscher Wein trocken oder süß ist? Ganz einfach: Wenn das Wort trocken auf dem Etikett nicht auftaucht, ist der Wein meistens in irgendeiner Weise süß – ein Relikt aus Zeiten, wo die deutschen Weine fast immer süß und die trockenen die große Ausnahme waren. Und was früher die Ausnahme war und deshalb gekennzeichnet wurde, ist heute zur Regel geworden.

ALSO: Fehlt in Deutschland der Hinweis »trocken« auf dem Etikett, handelt es sich fast immer um einen Wein, der deutlich süß schmeckt. Oder anders gesagt: Nur da, wo ausdrücklich *trocken* draufsteht, ist auch *trocken* drin. Ob das nun praktisch oder umständlich und irreführend ist, darüber haben sich schon Generationen von Winzern und Weintrinkern die Haare gerauft. Alle anderen Weinländer haben das Problem andersherum und auch einleuchtender gelöst. So wird etwa in Frankreich nur die Ausnahme erwähnt: *Süß* steht nur dann auf dem Etikett, wenn tatsächlich süßer Wein in der Flasche ist.

Wein ist nicht kompliziert – er wird kompliziert gemacht

In Deutschland hat sich ein ganz eigenständiges Begriffssystem entwickelt: das Prädikatssystem mit den sogenannten *Prädikatsweinen*. Die auf den Etiketten angegebenen *Prädikate* bezeichnen die Reifegrade der Weintrauben bei der Ernte. Das Prinzip ist eigentlich einfach: je süßer die Trauben, desto höher die Prädikate.

KABINETT: Einstiegsprädikat für Wein aus süßen Trauben.
SPÄTLESE: Mittelklasseprädikat für Wein aus ziemlich süßen Trauben.
AUSLESE: Premiumprädikat für Wein aus sehr süßen Trauben.
BEERENAUSLESE beziehungsweise **TROCKENBEERENAUSLESE:** Spitzenprädikat für Wein aus extrem süßen Trauben.
EISWEIN: Spitzenprädikat für Wein aus extrem süßen Trauben, die zum Zeitpunkt der Ernte gefroren waren – mindestens minus sieben Grad kalt.

Sach(buch)zwang

Eigentlich hatten wir uns fest vorgenommen, in diesem Buch über den ganzen Bezeichnungsklimbim großzügig hinwegzugehen, weil er unserer emotional und sensorisch motivierten Idee von Wein völlig widerspricht. Wir haben nämlich zunehmend das Gefühl, dass all diese Kategorien und Begriffe nichts auf einem Etikett zu suchen haben. Unserer Meinung nach sollten dort nur Dinge stehen, die man auch wirklich verstehen und nachvollziehen kann. In seiner heutigen Form hat das Ganze etwa so viel Sex-Appeal wie die *Verordnung zur Durchführung der Vorschriften über Steuerberater, Steuerbevollmächtigte und Steuerberatungsgesellschaften erster Teil, § 23, Abs. 1b.*

Die Süße zum Zeitpunkt der Lese ist die eine Sache – ob der Winzer dann süßen oder trockenen Wein bereitet, eine andere. Beides ist möglich, die Entscheidung liegt bei ihm. Wird etwa aus sehr süßen Trauben ein trockener Wein gemacht, die Gärung also nicht gestoppt, ist der Alkoholgehalt entsprechend hoch. Die Liste zeigt, welche Möglichkeiten es gibt:

KABINETT: kann trocken, halbtrocken oder süß schmecken.

SPÄTLESE: kann trocken, halbtrocken oder süß schmecken.

AUSLESE: kann trocken oder halbtrocken schmecken, schmeckt aber meistens süß.

BEERENAUSLESE: ist immer süß.

TROCKENBEERENAUSLESE: ist immer sehr süß.

EISWEIN: ist immer sehr süß.

Wie geht es weiter?

Wenn bis hierhin die Botschaft des Rieslings bei dir angekommen ist, sagen wir: Herzlichen Glückwunsch, du bist dabei! Wenn dir unsere beiden Testkandidaten gefallen haben, dann bist du, da sind wir hundertprozentig sicher, ein Kandidat für Weine, die ähnlich gestrickt sind. Im nächsten Kapitel unter *Riesling & Freunde* findest du mehr davon – vollaromatische, fruchtige Weine mit einer kräftigen Dosis leckerer Säure. Vielleicht wird der Riesling ja zum Sprungbrett in eine Weißweinwelt, die dir ohne die Kenntnis dieser Sorte länger verborgen bliebe, als dir lieb sein kann.

Für uns ist diese Gruppe von Weinen, deren Talente sich gegenseitig ergänzen, zu einer dauerhaften und sehr verlässlichen Auswahl geworden. Wir beziehen den Charakterzug der Süße hier ausdrücklich mit ein, weil diese Facette den dafür geeigneten Weinen einen Touch mit auf den Weg geben kann, der so einzigartig ist, dass wir den Vorwurf »*Süße Weine sind doof*« einfach nur spießig finden. Gut müssen sie sein, komplex, spannend, packend und unendlich – das ist es, was zählt. Dieses *Ich-muss-dich-unbedingt-wieder-trinken-Gefühl.*

TÜR ZWEI:

Chardonnay

Wer auf diesen Weintyp steht, bekommt immer eine klare Ansage. Ein guter Chardonnay aus Burgund zickt nicht lange rum, sondern sagt, wo es langgeht. Er weiß, was er will, und hält sein Wort, Ehrensache!

Wann ist Chardonnay besonders sexy?

Dieser Weißweintyp ist ein Phänomen. In kühlem Klima gerät er spitz und nervig, wie ein Laserstrahl in der Nacht, der auch in weiter Entfernung den Punkt trifft. Statt sich vor lauter Frucht regelrecht zu verschenken, konzentriert er seine Aromen und bringt sie gebündelt zum Ausdruck. Dabei ist seine Säure geringer als die des Riesling-Typs. Wächst er aber in heißen Klimazonen wie Kalifornien oder Australien, wird aus ihm plötzlich ein Charmeur im Glas. Unter solchen Wachstumsbedingungen kommt er mit reichlich Aroma daher und fällt schwer und oft auch ein wenig alkoholisch aus. Die Verwandlungsfähigkeit des Chardonnay gleicht der eines Chamäleons!

Und warum ist Chardonnay so besonders?

Dieser Weintyp passt eigentlich immer: kalt im Sommer und entsprechend temperiert im Winter. Und als Essensbegleiter macht er dank seines Alkohols und seiner spritzigen, nervigen Art eine besonders gute Figur. Nur wenn er zu viel Holzaroma an Bord hat, kann er dir schon mal auf die Nerven gehen, doch seine treuesten Fans gehen mit ihm durch dick und dünn. Um zu zeigen, wie der Chardonnay in seiner Heimat Burgund ausfällt, haben wir zwei Weine ausgewählt, die unterschiedlicher nicht sein könnten.

Chardonnay 1

**Domaine William Fèvre
Chablis Premier Cru »Fourchaume«**

<u>Duft:</u> Beim ersten Riechen kann es sein, dass dir der Chablis wie ein kleiner Stinker vor-kommt. Vielleicht erinnert er dich an Käse. Beginnt er sich jedoch nach ein paar Minuten im Glas zu öffnen, offenbart er Kräuteraromen wie Majoran, Thymian oder Estragon, die sich mit Butter und Crème fraîche paaren. Diese ganzen Dufteindrücke bleiben eher ernst und ruhig, alles an diesem Wein ist ausgewogen und seriös.

<u>Geschmack:</u> Der Fourchaume ist eher ein herber, zurückhaltender Typ mit einer vollkom-men ausgeglichenen, reifen Säure, die in den Geschmacksverlauf sehr gut integriert ist. Von üppiger Frucht kann eigentlich keine Rede sein – oder fällt dir dazu etwas ein? Wenn schon Früchte, dann eher Meeresfrüchte, ganz besonders Muscheln, Miesmuscheln in Weißweinsoße. Aber das große Thema dieses Weins ist sein staubiger, trockener, mine-ralischer Akzent.

Chardonnay 2

**Domaine Bouchard Père & Fils
Meursault**

<u>Duft:</u> Hier geht es sofort und ganz direkt zur Sache. Der Meursault hält mit seiner Duft-geschichte nicht lange hinter dem Berg und zeigt reife Birnen, Honig, Akazien- und Lindenblüten – aber auch jungen Käse und Thymian und Anklänge von Lakritz und Heft-pflaster.

<u>Geschmack:</u> Der Meursault kitzelt den Gaumen mit einer ganz feinen Säure. Sie ist rund und hervorragend in den Wein eingebunden. Ihr verdankt dieser Wein seinen langsa-men, aber vollendeten Geschmacksverlauf. Wegen seiner Dichte und Konzentration kann er im Mund fast ein wenig cremig wirken. Auch der Meursault gehört eindeutig zu den Weißweinen, die ihre Kraft nicht auf Fruchtigkeit aufbauen, sondern eher ernste, erdver-bundene Aromen zum Klingen bringen

Chablis vs. Meursault

Der Chablis fällt eindeutig lebendig, energisch, ja fast ein wenig nervös aus. Er ist ein Wein mit Ecken und Kanten, der keinen Hehl daraus macht, dass er das Licht der Welt in einer nördlich gelegenen Weinbauregion erblickt hat. Seine Säure, die aus ganz reifen Früchten entstanden ist, sitzt nicht isoliert im Wein, sondern ist bestens integriert und spielt ihre dominante Rolle auf angenehme Weise. Sie belebt jeden Schluck und spült die vielen verborgenen Facetten des Weins an die Oberfläche.

Der Meursault verkörpert das pure Gegenteil. Er widmet sich den weichen Möglichkeiten, die in den bevorzugten Lagen Burgunds in die Weißweine transportiert werden. Beim Meursault spielt die anklingende Frucht eine größere Rolle als beim Chablis und lässt ihn im Mund viel runder erscheinen. Kann es sein, dass dieser Burgunder das eine oder andere Pölsterchen auf seinen Rippen hat? Im direkten Vergleich mit dem Chablis werden wir diesen Eindruck jedenfalls nicht los.

Bevor es weitergeht, hier erst mal ein wenig Geografie. Burgund ist eine bedeutende Weinbauregion nördlich von Lyon. Sie gliedert sich von Norden nach Süden in fünf Bereiche, von denen uns die ersten beiden besonders interessieren:

CHABLIS liegt im kühlen Norden Burgunds.

Die **CÔTE D'OR** – der goldene Hang – liegt nördlich und südlich der Stadt Beaune und unterteilt sich in die Bereiche **CÔTE DE NUITS** im Norden und **CÔTE DE BEAUNE** im Süden.

Die **CÔTE CHALONNAISE** liegt westlich der Stadt Chalon-sur-Saône.

Das **MÂCONNAIS** liegt westlich der Stadt Mâcon, die dem Gebiet seinen Namen gibt. Auch hier gibt es Weiß- und Rotweine aus Chardonnay beziehungsweise Pinot noir.

Das **BEAUJOLAIS** liegt ganz im Süden Burgunds – hier wird praktisch nur Rotwein produziert.

Unsere zwei Kandidaten sind Chardonnays wie aus dem Bilderbuch. Beide sind zu hundert Prozent reinsortig. Zwischen den beiden Anbauorten liegen rund hundertfünfzig Kilometer Luftlinie, was für deutliche Unterschiede sorgt, auch im Klima. Auffallend ist, dass der Chablis eine viel ausgeprägtere Säure und kaum Frucht aufweist. Er wirkt wie ein sportlicher Athlet mit starken Knochen und durchtrainierter Muskelmasse – kein Wunder, wachsen doch im Chablis die Trauben in viel kühlerem Klima. Der Chardonnay von der wärmeren Côte de Nuits hingegen wirkt vergleichsweise weich und ausladend.

Ein Wein ist nur so gut wie deine Bereitschaft, ihn zu verstehen.

Dies ist nicht bloß ein dummer Spruch. Wir kennen jede Menge Leute, die sich ständig über Weine beklagen, die es angeblich nicht bringen. Die nehmen einen kleinen Schluck und fällen sofort ihr Urteil. Das ist etwa so absurd, als würden wir die Blechtrommel von Grass in der Mitte aufschlagen, zwei Zeilen lesen, das Buch zuschlagen und für alle Zeiten in die Ecke knallen. **Wein will verstanden werden, und dafür braucht man Zeit.**

Andersherum ist es natürlich genauso problematisch: schlechten Wein so lange zu probieren, bis man ihn sich schöngetrunken hat. Das passiert leider nur allzu häufig und sorgt dafür, dass der Strom schlechter Weine nie versiegt: **Völker, schaut in die Regale...**

Aber zurück zum Chardonnay. Jeder Wein hat seine eigene Sprache, also sollten wir auf ihn zugehen, gut zuhören und verstehen, was er uns sagen möchte. Der Chablis ist so ein Typ, der ein gnädiges Ohr braucht. Dann flüstert er dir seine Geschichte zu. Er erzählt von den klirrend kalten Winternächten und den gefährlichen Spätfrösten, die viele Ernten ruiniert haben:

»Von den Hängen, auf denen ich gewachsen bin, haben die Rebstöcke einen herrlichen Blick auf das Petit Chablis, das unten im Tal liegt und mir seinen Namen gegeben hat. Sie haben ihre Wurzeln tief in den mageren Mergelboden aus reinem Kalkstein getrieben, um alle Nährstoffe zu finden, die sie brauchen.«

Unser so leiser Chablis hat – wer hätte das gedacht? – sogar ein Adelspatent in der Tasche, denn seine Trauben wachsen auf einer besonders guten, einer klassifizierten Rebfläche. Darum steht auf seinem Etikett auch *Premier Cru*, was übersetzt *Erstes Gewächs* bedeutet. Die Klassifikation im Chablis ist folgendermaßen aufgebaut: Die Crème de la crème bilden sechs steile *Grand-Cru-Lagen*. Eine Stufe darunter, aber immer noch herausragend, folgen die vierzig Premier-Cru-Lagen. Alle Weine von nicht klassifizierten Lagen heißen einfach Chablis. Damit der Wein auch dem Anspruch der klassifizierten Lage gerecht wird, werden die erzeugten Mengen genau kontrolliert, und es wird festgelegt, wie viele Kilogramm Trauben pro Hektar geerntet werden dürfen. Fragen wir doch mal unseren Chablis, woher er genau stammt:

»Danke für die Nachfrage. Stimmt, ich bin ein Premier Cru. Die Lage, in der meine Trauben gewachsen sind, ist also besser als der große Durchschnitt. Das bedeutet, dass sie sehr gut besonnt ist, was hier im kühlen Norden Burgunds ganz besonders wichtig ist. Außerdem sind meine Weinberge steiler als die Flachlagen ohne Klassifikation. Ich bin schon ein bisschen stolz darauf, dass meine Lage, Fourchaume, als eine der besten Premier-Cru-Lagen im Chablis gilt. Sie ist hundertfünfzehn Hektar groß und meine Eltern sind schon vierzig Jahre alt, was für Rebstöcke im Chablis ein ziemlich hohes Alter ist. Aber darf ich dir auch eine Frage stellen? Gefalle ich dir? Sind wir ein Traumpaar?«

Unser Meursault hat natürlich auch seine Geschichte. Da er von der Côte de Beaune stammt, einem der weltweit besten Anbaugebiete für Chardonnay, reicht sein Ruf weit über Frankreich hinaus. Dabei muss man bedenken, dass es dort nur rund 400 Hektar Rebfläche gibt – im Chablis sind es immerhin schon 4500 Hektar. In Meursault ist es viel wärmer als im Chablis, daher ist der Wein auch fruchtiger und ausladender und überdies viel weicher, weil seine Säure nicht so ausgeprägt ist.

Der Meursault ist kein stiller, verschwiegener Typ, dem man jedes Wort mühsam entlocken muss. Er redet viel offener über sich und wartet nicht, bis er gefragt wird:

»Bei uns an der Côte de Beaune wachsen die besten Chardonnays der Welt. Ich gehöre damit zum Feinsten, was man überhaupt bekommen kann. Meursault, das klingt nach großer weiter Weinwelt und ist doch nur einen Katzensprung von Puligny-Montrachet und Corton-Charlemagne entfernt. Denn hier an der Côte de Beaune reihen sich die Spitzenlagen aneinander wie die Perlen einer Kette. Ich bin mir ganz sicher, du hast dich schon längst in mich verguckt!«

Berühmt sind die Weißweine Burgunds auch, weil sie den Ruf genießen, lange reifen zu können. Schon deshalb sind sie ein gehöriges Stückchen teurer als Weißweine aus anderen Regionen mit einem ähnlichen Geschmacksbild.

Rock Around the World

Der Chardonnay ist in aller Munde, schließlich wird der Globetrotter auf der ganzen Welt angebaut: Argentinien, Australien, Chile, Kalifornien, Kanada, Tasmanien, Indien, China, Japan, Schweiz, Sizilien, Griechenland, Libanon... Der Grund für seine Beliebtheit ist ganz einfach: Die Chardonnay-Rebe ist im Anbau zuverlässig und erbringt im kühlen wie im heißen Klima Weine, die den Geschmacksnerv der Weinliebhaber treffen.

Aber machen wir doch einmal eine Zeitreise
ins Burgund des Jahres 1098:
drei, zwei, eins und Zündung... wrrrrroam!!!

Der Rauch hat sich verzogen. Vor uns liegt ein gottverlassenes sumpfiges Gelände in den Niederungen der Saône-Ebene, rund dreißig Kilometer von Beaune entfernt. Und mitten in diesem unzivilisierten Landstrich ist ein Häuflein Mönche dabei, Rodungsarbeiten zu verrichten. Irgendwo hier muss er zu finden sein, unser Mann – ja, genau, da vorne ist er! Ein kleines Männlein mit frisch rasierter Tonsur legt die Axt an eine dürre Birke, die auf dem einzigen Hügel wächst, der aus dem sumpfigen Gelände ragt. Überall sind Mücken, lästige Plage!

»Entschuldigen Sie, Hochwürden, wir hätten eine Frage!« »Stören Sie mich nicht, Sie sehen doch, ich bin gerade an einem heiligen Werk!« Mit puterrotem Kopf drischt der Mann auf den Baum vor sich ein, als wäre es der Teufel persönlich. »Verzeihen Sie, Hochwürden, aber es geht um nichts Geringeres als die Nachwelt. Bitte, nur fünf Minuten!« Der Mann lässt die Axt verärgert zu Boden sinken und schickt einen Blick gen Himmel. »Immer diese Autogrammjäger, gerade eben war ein ganzer Bus Japaner hier, die sich alle nacheinander mit mir fotografieren lassen wollten. So geht das nicht, wir arbeiten hier gerade an einer der wichtigsten Gründungen der Christenheit, verdammt, und alle paar Minuten kommt einer an und will was von mir. Habt ihr wenigstens eine Motorsäge mitgebracht?« »Motorsäge? Oh nein, da müssen wir leider passen... Aber wir haben ein paar wichtige Fragen. Bitte, können Sie sich ganz kurz vorstellen und unseren Lesern mitteilen, was hier vor sich geht, wir machen es auch ganz kurz.«

Der Mann angelt ein graues Leinentuch aus der Kutte und wischt sich damit die schweißnasse Stirn. »Nun, mein Name ist Robert, Robert von Molesme. Ich bin vom Burgunderherzog Odo dem Ersten persönlich beauftragt worden, hier ein Kloster zu gründen, nachdem die hoffärtigen Benediktiner aus Cluny vom rechten Weg abgekommen sind.« Roberts Gesicht verfinstert sich. »Eine Stiftung, Sie wissen schon. Meine zwanzig Mitbrüder und ich sind hierhergekommen, um mit der Arbeit zu beginnen. Aber, unter uns, der Herzog ...« – Robert schüttelt den Kopf und blickt wieder zum Himmel – »... hat uns reingelegt. Eine Schenkung, hieß es, aber was für eine Bescherung – Sumpfland! Schau'n Sie sich doch das Elend an!«

Robert zieht wieder sein schmutziges Tuch aus der Tasche und lässt es wie wild durch die Luft sausen, um die Mücken zu verscheuchen. »Wir machen uns zum Gespött der Bauern. Sie haben uns ausgelacht, als sie uns hier aufkreuzen sahen. In diesem gottverlassenen Winkel würden nicht mal zum Tod verurteilte Sträflinge siedeln, die würden den Galgen bevorzugen.« »Aber Sie hätten doch die Stiftung ablehnen können.« »Wie bitte, ablehnen? Die Stiftung eines Herzogs?

Sind Sie denn noch bei Trost? Aber der Herzog wird seine gerechte Strafe schon bekommen. Und wir, wir werden die Sieger sein! All das hier ...« – Robert macht eine weit ausholende Armbewegung – »... wird sich in einen Garten Eden verwandeln. Mit Gottes Hilfe – und ein wenig der unseren, versteht sich.«

Robert winkt einen der Mönche, der eine Pergamentrolle unter dem Arm trägt, heran. »Hier, sehen Sie, das ist es.« Auf dem ausgebreiteten Dokument ist die Zeichnung einer großen Klosteranlage zu sehen. »Das wird unsere Kirche. Größer als Sankt Peter in Rom. Nicht schlecht, was?« Die Augen des Mannes fiebern vor Begeisterung. »Das Kloster wird Cîteaux heißen und zum Mutterkloster unseres neuen Ordens, der Zisterzienser, werden. Bruder Bernhard, kommen Sie doch mal.« Ein dicker, kleinwüchsiger Mönch tritt hinzu. »Bitte, Bruder, fassen Sie doch kurz unsere Pläne zusammen.«

»Also, als Erstes werden wir zur höheren Ehre des Herrn den Weinbau voranbringen und den Bauern Burgunds zeigen, wo's langgeht. Ora et labora! Da vorne, wo sich aus dem Dunst der feuchten Senke der stolze Hang über der Saône erhebt, liegt ein Land, das der Allerheiligste nur für den Weinbau geschaffen hat. Noch lassen die Bauern ihr Vieh im Unterholz weiden. Aus den wilden Reben, die dort stehen, bereiten sie einen unsäglichen Trank, von dem sich selbst ihre Schweine abwenden würden.« Er hält inne und bedeutet uns mit seinem Finger, uns zu ihm hinunterzubeugen. Flüsternd berichtet er: »Bruder Robert hat vom Herzog die Zusage, dass wir an Weihnachten bei Meursault besonders aussichtsreiche Hänge als Stiftung erhalten werden.« Dann fährt er fort, auf die hungrigen Moskitos einzuschlagen, die dabei sind, sich auf seiner Stirn vollzutanken. Drei rote Flecken bleiben als Zeichen seines Erfolgs.

Der Durst der Mönche

Der Siegeszug der burgundischen Weine wäre ohne die Zisterzienser undenkbar. Gegründet wurde der Orden um 1100 mit Cîteaux als Mutterkloster, vom dem aus er zu einem der bedeutendsten Orden des Mittelalters aufstieg. Im Weinbau leisteten die Zisterzienser so gute Arbeit, dass ihr Orden in seiner Blütezeit zum größten Weinbergbesitzer Europas wurde. Und weil die Ordensregel besagte, dass zwölf Mitglieder ausziehen und ein neues Kloster gründen mussten, sobald deren Zahl sechzig überstieg, breitete sich der Orden sehr schnell aus – und mit ihm der Weinbau. Eine der wichtigsten Gründungen war 1136 das Kloster Eberbach im Rheingau, dort konnten die weißen Mönche zeigen, was in ihnen steckt. Ohne sie wäre der Rheingauer Wein nicht, was er heute ist.

Aber zurück zu Burgund. Die Zisterzienser erkannten schon früh die Bedeutung der Lagen und gingen dazu über, die Weine getrennt nach ihrer Herkunft zu lesen und zu verarbeiten. Bei ihnen hießen die Lagen *Climats* – Klimata also, weil Sonne, Ausrichtung, Hangneigung und Mikroklima den Wein mehr prägen als alles andere. Genial einfach, einfach genial – und eigentlich zutreffender als die deutsche Bezeichnung Weinberg. Die besten *Climats* jedenfalls wurden zum Schutz vor Traubendieben mit einer Mauer umgeben und als *Clos* bezeichnet, was so viel wie eingeschlossen heißt. Sie stellten quasi den Hochsicherheitstrakt unter den Spitzenlagen dar. Unter den ersten Weinbergen, die die Zisterzienser bewirtschafteten, waren tatsächlich Lagen an der Côte de Beaune, genauer in Meursault! Und laut Gesetz ist heute mit Meursault zu hundert Prozent Chardonnay gemeint. Die besten dieser Weine bezeichneten die Mönche aus Cîteaux als *Cru* – Gewächs, weil sie erkannt hatten, dass nicht der Mensch, sondern die Pflanze samt ihrer Umgebung den Wein formt. Ein guter Wein muss eben wachsen, er kann nicht gemacht werden.

Bleibt noch die wichtige Frage: Warum ist ein Weißwein aus Burgund immer ein Chardonnay? Die Ursprünge der Reinsortigkeit, die heute in fast allen Weinbaugebieten dominiert, liegen im 17. und 18. Jahrhundert. Damals begann man im Weinberg zunehmend auf die Rebsorte zu achten, um besondere Merkmale hervorzuheben. Und dank der Erfindung des Korkens um 1650 konnte Wein auch in der Flasche gehandelt und versandt werden, was seiner Frische und Haltbarkeit sehr zuträglich war.

Doch zurück zum Chardonnay: Nach der Reblauskatastrophe, die gegen Ende des 19. Jahrhunderts auch die Weinberge Burgunds vernichtete, setzte sich beim Weißwein eine Rebsorte durch, die alle anderen verdrängte. Fort mit den alten Sorten wie Heunisch oder Pinot blanc und Pinot gris! Seit jener Zeit ist der Chardonnay der alleinige Herrscher. Namensgeber der Sorte ist ein Zweihundertseelendorf bei Mâcon – es heißt Chardonnay.

Flüssige Weinlegenden

Heute stammen die berühmtesten Weißweine Burgunds von der Côte d' Or, genauer von der südlichen Hälfte, der Côte de Beaune. Neben Meursault am berühmtesten ist der »heilige Berg«, der die teuersten Weißweine der Welt hervorbringt: **LE MONTRACHET** – was so viel heißt wie der rasierte, also kahle Berg. Kahl deshalb, weil dieser perfekt nach Süden orientierte Hang aus hartem Kalkmergel besteht, auf dem seit jeher Spitzenwein wuchs. Für eine Flasche dieses Göttertranks drücken Wein-Maniacs bis zu fünfhundert Euro ab. Wahnsinn!

Der Geschmack des Bodens

Sicher ist dir aufgefallen, dass auf den Etiketten unserer beiden Chardonnays die Rebsorte gar nicht genannt wird. Es gibt weitere vergleichbare Beispiele aus der Weinwelt, etwa den Champagner: Alle wissen, dass es sich um einen Schaumwein handelt, aber die wenigsten fragen sich, aus welcher Rebsorte er gemacht wird. Und auch beim Beaujolais denkt jeder an Rotwein, aber wer weiß schon, dass die Rebsorte Gamay heißt?

Auch in Burgund wird dem Namen der Lage oder Herkunft mehr Bedeutung beigemessen als der Rebsorte. Frei nach dem Motto: Alle wissen doch, dass Weißwein aus Burgund immer Chardonnay ist. Warum sollten wir das betonen? Das wirkt vielleicht etwas arrogant, erklärt sich aber durch die Weingeschichte Burgunds, wo der Wein immer den Namen des Weinbergs oder des Dorfes trägt, aus dem er stammt. Doch das Etikett verrät noch mehr, denn es gibt in Burgund ein Klassifikationssystem. Hier die einzelnen Stufen:

GRAND CRU (die Nirwana-Klasse): Hier wird nur die Einzellage genannt, zum Beispiel **Le Montrachet** – und der Zusatz **Grand Cru**.

PREMIER CRU (die Mount-Everest-Klasse): Auch hier wird nur die Einzellage (zum Beispiel **Les Vergelesses**) genannt – und der Zusatz **Premier Cru** beziehungsweise **1er Cru**.

VILLAGE oder ORTSLAGE (die Volksklasse): Hier steht auf dem Etikett der Name des Orts (zum Beispiel **Meursault**), in dem die Trauben gewachsen sind – und manchmal noch in kleinerer Schrift der Name der Lage, von der sie stammen. Solche Lagen befinden sich meist in der Ebene, wo die Bedingungen weniger gut sind, weshalb sie auch nicht klassifiziert sind.

BOURGOGNE (der Stehplatz): Hier steht nur die Herkunft der Region auf dem Etikett (zum Beispiel **Chablis** oder **Côte de Beaune**), weil der Wein fast immer ein Verschnitt mehrerer verstreuter Lagen ist. Zudem wird die Rebsorte angegeben oder wenigstens darauf hingewiesen, dass es sich um Weißwein (**Blanc**) beziehungsweise Rotwein (**Rouge**) handelt.

Wie geht es weiter?

Das ist die Botschaft des Chardonnay. Es freut uns natürlich, wenn wir deine Neugier geweckt haben, weitere Chardonnays zu erforschen. Wenn dir also unsere beiden Weine mit ihrer zurückhaltenden Frucht und der feinen Säure gefallen haben, bist du ein Kandidat für *Chardonnay & Freunde*. Darüber findest du im nächsten Kapitel mehr.

TÜR DREI:

Bordeaux

Wenn er aufkreuzt, herrscht im Glas oft tiefdunkle Nacht. Am Anfang hast du wahrscheinlich den Eindruck, dieser Wein wolle sich nicht in die Karten blicken lassen. Kein Lichtstrahl durchdringt seine Farbfracht – Rotweine dieses Kalibers sind immer blickdicht. Dieser Typ ist genau das Richtige für Weinfreunde, die nach der Maximierung aller Leistungsmerkmale eines Rotweins suchen. Wem intensive Farbe, jede Menge Frucht und viel Kraft wichtig sind, der liegt hier richtig. Beim Bordeaux-Typ ist alles ganz klar und deutlich, es gibt keinen Zweifel, kein *Vielleicht* und auch kein *Ein-bisschen-hiervon* oder *Ein-bisschen-davon*.

Das sind Rotweine, die nicht viel herumreden, wortkarge Cowboys eben: *Shut up and pour it in!*

Und warum ist Bordeaux so besonders?

Der Bordeaux-Typ hat ein ziemlich dickes Fell – oder genauer gesagt, eine dicke Haut. In den dicken Schalen seiner Trauben sind viel mehr Farb- und Gerbstoffe eingelagert als bei anderen Sorten. Und wenn die Winzer bei der Gärung richtig Gas geben, kommt jede Menge davon in den Wein. Entsprechend dunkel und gerbstoffreich fällt er dann aus. Dabei muss die Farbe nicht unbedingt rot sein, sie kann von Wein zu Wein variieren: Mal ist es ein Dunkelrot, dann wieder ein sattes Purpur, mal ein Rotviolett oder Blauschwarz, manchmal auch ein dunkler Aubergine-Ton.

Wo so viel Farbe ist, sind die Gerbstoffe nicht weit. Manchmal kann sich dieser Typ zwar auf der Zunge anfühlen, als würde man barfuß über einen Seidenteppich laufen: alles ganz weich und samtig, ein Wein, der keinerlei Widerstand leistet. Häufiger aber ist der Gerbstoff deutlich spürbar und hinterlässt ein leicht pelziges Mundgefühl. Und wenn es ein Gerbstoffbolide vom oberen Ende der Skala ist, kann er so konzentriert ausfallen, dass er im Mund ein aggressives Zerren und Ziehen wie Rhabarber auslöst *allef fo ftumpf hier.* Der Mund wird regelrecht ausgetrocknet, es ist, als würde sich etwas Wollenes in deiner Mundhöhle einnisten, das sich sehr, sehr lange nicht gewaschen hat. Doch hören wir, was uns der Wein zuflüstert:

»Ich bin der Wein für gewisse Stunden. Wenn das Feuer in deinem Herzen lodert und dich die Sehnsucht nach Wärme, Kuschelrock und Kerzenlicht verzehrt, bin ich genau der Richtige. Aber auch im Sommer in der Dämmerung, wenn deine Sonnenbrille eigentlich schon überflüssig ist, du dir aber mit deiner Ray Ban wahnsinnig cool vorkommst, brauchst du nur ein Glas von mir zu trinken, und alles wird ganz easy. Dann funkeln die Sterne und dein hungriges Herz geht auf die Jagd.«

Wann ist Bordeaux besonders sexy?

Am besten kann der Bordeaux-Typ seine Vorzüge im Winter ausspielen, idealerweise vor dem Kaminfeuer – schon wegen der Röstaromen, die sich auch im Wein finden. Weniger gut kommt er hingegen zum TV-Dinner mit *Desperate Housewives* und Erdnüssen. Bordeaux ist eben mehr als ein netter Drink, er braucht eine sinnvolle Aufgabe.

Wie sagte doch schon Wine F. Kennedy:

»Frag nicht, was der Bordeaux für dich tun kann.

Frag, was du für den Bordeaux tun kannst!«

Also binden wir uns jetzt die Schürze um, laden einen Haufen Freunde ein und machen uns an die Arbeit. Als Erstes schicken wir den Salat zum Teufel und lassen es so richtig qualmen: Scharf angebratene Steaks, stundenlang geschmorte Lammhaxen mit Kreuzkümmel oder ein mit Knoblauch und Chili feurig gewürztes Ratatouille – da ist alles drin und dran, was schwere Rotweine als Sparringspartner auf dem Teller brauchen. Kein Wunder, ist der Bordeaux erfolgreicher als jeder andere Rotweintyp.

Bordeaux 1

Château Gloria Saint-Julien

65% Cabernet Sauvignon, 25% Merlot, 5% Cabernet franc, 5% Petit Verdot

<u>Duft:</u> Der Wein verströmt ein kompaktes und durchdringendes Aroma, das an Holunder und getrocknete Pflaumen erinnert. Aber auch Kakaopulver, etwas Kaffee, Röstaromen und ein Hauch luftgetrockneter Salami sind auszumachen. Findest du auch, dass dieser Bordeaux etwas Geheimnisvolles, Unergründliches hat, etwas, das nicht so ohne weiteres zu entschlüsseln ist, weil die vielen Facetten stark ineinander verschachtelt sind? Insgesamt ist der Duft sehr anregend, was ein klarer Hinweis darauf ist, wie weit sich der Wein bereits geöffnet hat.

<u>Geschmack:</u> Runde Fruchtigkeit paart sich mit einer gut integrierten, reifen Säure und einer Schubkarre voll Cassis. Findest du den Gloria nicht auch überaus kompakt, anhaltend und dicht? Bei uns wirkt er am Gaumen saftig. Nach einer Weile macht sich ein Hauch Süße bemerkbar, die den starken Gerbstoffen eine gewisse Dynamik verleiht. Ein Bordeaux, der über lange Zeit heiter und abwechslungsreich, aber auch erfrischend bleibt, was für Weine dieser Konzentrationsstufe eine ziemlich gute Leistung ist. Sein Finale ist aber noch ein wenig von den Gerbstoffen geprägt, die den Mund leicht austrocknen.

Bordeaux 2

**Château Larcis Ducasse
Saint-Emilion Grand Cru Classé**

65% Merlot, 25% Cabernet franc, 10% Cabernet Sauvignon

Duft: Auch bei diesem Wein zeigen sich in der Nase Schokolade und Kakaopulver, aber auch Anklänge an Minze, Brombeeren, Cassis und Preiselbeeren. Der Duft ist frisch, frei und sehr lebendig. Spürst du auch einen Hauch Zedernholz und Bleistiftspäne?

Geschmack: Im Mund geht es frisch, vital und mit reichlich dunklen Früchten zur Sache. Dann machen sich Himbeeren, Herbstlaub und schwarze Trüffel bemerkbar. Der Geschmacksverlauf, die sogenannte »Attacke«, folgt im Mund einer ganz linearen Bewegung, in der sich der Wein mit dem ganzen Gewicht seines Körpers langsam am Gaumen vorbeibewegt und dabei seine Intensität, seinen Tiefgang und seine Nachhaltigkeit vor sich ausbreitet wie ein Pokerspieler sein Full House. Die markanten Gerbstoffe werden von einer dichten Fruchtsüße eingerahmt. Es wird eine ganze Menge Zeit verstreichen, bevor der vollendete Genuss aus dieser roten Flut emporsteigt.

Navigationshilfe

Zuerst wieder ein wenig Basisgeografie: Das Bordelais, die Landschaft rund um die südwestfranzösische Hafenstadt Bordeaux, ist ein ausgedehnter Landstrich. Hier wächst enorm viel Wein – auf über 100 000 Hektar. Damit gilt das Bordelais als das größte zusammenhängende Qualitätsweinbaugebiet der Welt. Nun denken viele bei Bordeaux automatisch an Rotwein, doch hier wird auch Weißwein, Süßwein und Rosé produziert. Deshalb ist das Bordelais in viele einzelne Bereiche, die Appellationen, unterteilt. Sie werden mit der Abkürzung AOC oder auch AC bezeichnet, was *Appellation (d'Origine) Controllée* heißt und übersetzt *Kontrollierte Ursprungsbezeichnung für Qualitätswein* bedeutet. In jeder AOC (es gibt sie in ganz Frankreich) werden Anbaubedingungen, Erträge, Ausdehnung der Rebflächen, Verarbeitung des Leseguts, Lagerung des Weins im Keller – und damit der Weinstil – definiert.

Im Grunde ist das Anbaugebiet Bordeaux eine einzige Abraumhalde, zumindest geologisch gesehen: Über Jahrtausende hinweg haben die Flüsse auf ihrem Weg zum Atlantik Lehm, Sand, Kies und Geröll in ihrem Mündungsbereich angespült. Kies ergibt guten Beton – und guten Wein! Die Ablagerungen, zum Teil viele Meter mächtig, sind auf dem ganzen Weg von Bordeaux zum Meer zu finden. Zwei Flüsse haben die Unmengen an Gestein dorthin gebracht: die Garonne und die Dordogne. Sie schlängeln sich gemütlich durch das bestenfalls hügelige Aquitanien, bevor sie bei Bordeaux endlich zusammenfinden und gemeinsam den Mündungslauf der Gironde bilden, der stark von den Gezeiten abhängig ist – ähnlich wie die Themse bei London. Nun fehlt nur noch der warme Golfstrom, der knapp an der Küste vorbeischrammt, und schon ist das Glück der Weinbauern perfekt: ein großartiges Terroir.

Der Mix aus Breitengrad, Golfstrom, Kies, großen Wasserflächen und reichen Grundbesitzern ist der Zündstoff für eine einzigartige Erfolgsgeschichte. Der südliche Breitengrad sorgt für warme Tage im Sommer und kühle Nächte im Herbst, was für die Aromenbildung ideal ist. Der warme Golfstrom bringt reichlich Regen, der aber im Kies rasch versickert, und die großen Wasserflächen wirken ausgleichend auf das Mikroklima. Und die reichen Grundherren hatten immer genügend Kapital, um ausgedehnte Besitzungen zu bewirtschaften und überdurchschnittlich hohe Weinqualitäten zu erzeugen.

Wie komplex und souverän Bordeaux sein Terroir zum Ausdruck bringt, ist auch daran zu erkennen, dass sich die Anbauzonen wie eine Patchworkdecke aus vielen einzelnen und ganz unterschiedlichen, zum Teil überlappenden Appellationen zusammenfügen. Am bedeutendsten ist das Médoc, eine Halbinsel, die eingeklemmt zwischen der Stadt Bordeaux im Süden, der Gironde im Westen und dem Atlantik im Osten liegt und fast vollständig aus Geröll besteht. Flussaufwärts herrscht grober Kies vor, in der Mitte feines Geröll und am Atlantik vor allem Sand. Kies ist ideal für den Wein, Sand aber nicht. Daher wachsen die besten Weine im kieshaltigen oberen Teil des Médoc, dem *Haut-Médoc*. Steht nur Médoc auf dem Etikett, handelt es sich eher um einen einfacheren Bordeaux.

Jede der über fünfzig Appellationen trägt ihren Teil zum Ganzen bei und bringt ihren eigenen Weinstil hervor. Und weil im Bordelais immer der Grundsatz *Gut kann nie genügen!* gilt, sind die Besten unter den Besseren immer als solche gekennzeichnet. So gibt es im Haut-Médoc eine Reihe von Appellationen, die anzeigen, dass man es mit den angesehensten Weinen der Region zu tun hat: *Saint-Estèphe, Pauillac, Saint-Julien, Listrac-Médoc, Moulis-en-Médoc* und *Margaux*. Sie alle stehen für Rotwein. Und von hier stammen die Weinlegenden, von denen du wahrscheinlich schon mal gehört hast: *Mouton-Rothschild. Latour. Lafite. Margaux.*

Die drei Musketiere

Die Erfolgsstory des Bordeaux lebt auch vom ausgeprägten Sicherheitsdenken der Winzer, die das Risiko auf die Schulter mehrerer Rebsorten verteilen. Wenn es die eine wegen unglücklicher Witterungsbedingungen aus dem Sattel haut, springt eine andere für sie ein. Heute spielen in der Praxis drei Sorten eine Rolle, auch wenn ein paar mehr zugelassen sind:

Cabernet Sauvignon   Cabernet franc   Merlot

Jede hat ihre Schwächen und Stärken, die die Winzer gewinnbringend für sich zu nutzen wissen. Wenn eine der drei das Klassenziel nicht erreicht, wird beim Mischen des Weins, der Assemblage, ein höherer Anteil der beiden anderen eingesetzt, um die Schwächen zu kompensieren. Die Zusammensetzung der Weine wird auf dem Etikett übrigens nicht deklariert.

Dieses System ist ausgesprochen erfolgreich. In der Weinwelt spricht man denn auch anerkennend vom Bordeaux Blend, der mittlerweile auf der ganzen Welt kopiert wird. Darin übernimmt der Cabernet mit viel Gerbstoff und Power die Rolle des Kraftprotzes, während der Merlot mit viel Frucht und schmeichelhaftem Tannin den sanften Part spielt. Der Bordeaux Blend wird auch als eiserne Faust (Cabernet) im Samthandschuh (Merlot) bezeichnet. Und der Cabernet franc? Da diese Sorte dem Cabernet Sauvignon sehr ähnlich ist, aber etwas früher reift, wird sie vor allem in den kühleren Regionen des Bordelais, weiter im Landesinnern rund um Saint-Emilion, angebaut.

Damit ist auch klar, dass reinsortige Weine nicht besser sind als solche, die sich aus mehreren Rebsorten zusammensetzen. Sie beruhen einfach auf einer anderen Strategie. Grundsätzlich kann man sagen: In der Alten Welt überwiegen reinsortige Weine in den kühlen Klimazonen und Cuvées in den warmen. Vor der Reblauskatastrophe war in den kühlen Anbaugebieten ein bunter Rebenmix die Regel, der nach der Neubepflanzung der Weinberge wieder verschwand. In den warmen Anbaugebieten hat man hingegen weiter auf den Mix vertraut, aber die Bandbreite der Rebsorten etwas reduziert – im Bordelais blieben nur die drei Musketiere übrig.

Und der Sieger ist...

Château – das Wort lässt einem schon das Wasser im Mund zusammenlaufen. Wer würde nicht gern Wein trinken, der in einem richtigen Schloss entstanden ist? Im Bordelais heißen alle Weingüter Château, selbst jene, die nicht viel mehr als eine Wellblechgarage sind. Jedenfalls gehört der Bordeaux seit Jahrhunderten zu den höchstdotierten Weinen der Welt, für die Weinliebhaber gerne und tief in die Tasche greifen.

Wir schreiben das Jahr 1855, Weltausstellung in Paris. Die Franzosen bauten zwar keinen Kristallpalast wie die imperialen Briten, aber sie hatten sich trotzdem etwas ganz Besonderes ausgedacht. Sie griffen ihre Idee mit dem Urmeter auf, maßen die Leistungsfähigkeit ihrer Châteaux und brachten sie endlich in eine Rangfolge – für die zentralistisch denkenden Franzosen des zweiten Kaiserreichs, in dem Napoleon der Dritte seit 1852 das absolutistische Zepter schwang, ein einfaches Spiel. Sie hatten überhaupt keine Skrupel, irgendein Weingut zu übervorteilen.

Liberté, egalité, fraternité? C'est passé!
Vive le Bordeaux!
Vive la classification!

Die Klassifikation war ein genialer Streich. Endlich konnte jeder wissen, woran er ist – es war das erste Beispiel der Markenbildung beim Wein. Fünf Kategorien von Crus Classés, klassifizierten Gewächsen, gab es fortan für die besten Weine der Region. Als oberste Stufe wurde die Nirwana-Klasse eingeführt: Premier Cru Classé. Danach folgte die zweite Kategorie, Deuxième Cru Classé, und weiter hinunter bis zur Einstiegsklasse des fünften Gewächses, des Cinquième Cru Classé. Bleibt die Frage: Nach welchen Kriterien richtete sich die absolutistisch agierende Jury bei ihrer Evaluation?

Nun, statt sich auf langwierige Diskussionen mit Wissenschaftlern einzulassen, die Boden, Klima und Wachstumsbedingungen untersuchen, wurden einfach die Weine, für die die Engländer am tiefsten in die Tasche griffen, am höchsten bewertet... Sehr einfallsreich, sehr erfolgreich und sehr lukrativ! Der Rest der Welt reagierte jedenfalls euphorisch und kauft seither noch mehr von dem begehrten Stoff.

Seit 1855 hat sich an der Klassifikation bis auf eine einzige Ausnahme nichts geändert. Allerdings blieb dieses System auf Bordeaux beschränkt. Selbst die sonst so elitären Franzosen bekamen anscheinend Angst vor ihrer eigenen Courage: In anderen Anbauregionen Frankreichs basiert das Klassifikationssystem nicht auf den Châteaux oder Weingütern, sondern einzig auf der Bewertung der Weinberge.

Seitdem ist ein heilloser Streit entbrannt. Was garantiert dem Kunden eine bessere Weinqualität: die Weingut- oder die Weinbergklassifikation? Wir jedenfalls erkennen, dass der Grundgedanke der Klassifikation dazu führt, dass die Weine nicht nur gut, sondern teuer sein müssen, damit die Kunden auch tatsächlich an deren Qualität glauben.

Brennpunkt Barrique

Das Thema Barrique ist ein heißes Eisen, an dem sich schon so mancher Winzer die Finger verbrannt hat. Früher waren die kleinen 225-Liter-Fässchen aus neuem Eichenholz so etwas wie ein Samsonite-Koffer für Bordeaux-Wein, der wegen der Bruchgefahr unterwegs nicht in empfindlichen und teuren Glasflaschen, sondern im Versandfass, dem stabilen Barrique, transportiert wurde. Diese Fässer sind so bemessen, dass sie ein Mann noch gerade eben rollen kann, ohne selbst überrollt zu werden – im Gegensatz zu den großen Holzfässern, in denen der Wein vinifiziert und gelagert wird. Bei der Herstellung der Barriques müssen die Küfer das Holz biegen, um es unter Spannung zu runden Fässern zu formen, die am Ende auch dicht halten. Das geschieht über dem Feuer, wo das Holz elastisch in Form gebracht wird und dabei innen kräftig anbrennen kann. Deshalb nennt man diesen Vorgang auch Toasten.

Irgendwann waren es die Winzer wohl leid, die Fässer so lange mit Wasser auszuspülen, bis der Rauchgeschmack verschwunden war, und füllten ihren großen Bordeaux ohne dieses Prozedere in die neuen Barriques um. In London geschah das Unerwartete: Der Wein wurde ein Renner! Das bekamen die schlauen Bordelaiser natürlich mit:

»Très bien! Wenn die Bobbies so wild auf das Zeug sind, kommt der Wein gleich in die Transport-Barriques. Den Firlefanz mit dem Umfüllen sparen wir uns in Zukunft. Bei der nächsten Lieferung sollen die Küfer mal so richtig einheizen!«

Inzwischen hat sich die Überzeugung durchgesetzt, dass ein Bordeaux von der Lagerung in neuen Eichenfässern profitiert und sich die Gerbstoffe aus dem Eichenholz mit denen des Rotweins verbinden. So entstehen Aromen, die der Wein allein nicht hervorbringt: Vanille, Zedernholz, Rauch, Toast, Holz, Kaffee... Wann immer solche Begriffe in Weinbeschreibungen auftauchen, muss ein Barrique im Spiel gewesen sein. (Das Verfahren aus der Neuen Welt, Eichenchips oder Eichenholzplanken in den im Stahltank lagernden Wein zu tauchen, ist in Europa bei Qualitätsweinen verboten.) Heute gehört die Eichenholzausstattung beim Bordeaux einfach dazu, denn durch den Kontakt mit dem Holz und der Luft, die durch die Poren des Holzes eindringt, runden sich die kompakten Gerbstoffe ab.

Vorbildlich

Auch bei der Idee, Wein längere Zeit im Fass reifen zu lassen, stand Bordeaux Pate. Klar, dass sie von anderen kopiert wurde. In Spanien etwa sind es die *Reserva*, in Italien die *Riserva* genannten Qualitäten, die erst nach längerer Quarantäne im Fass in den Verkauf kommen. Das hat natürlich seine Gründe:

Der Wein wird durch die Fassreifung geschmeidiger
und harmonischer, indem sich sowohl die Gerbstoffe
als auch die Säure langsam abbauen, während sich
die Holzaromen entwickeln.

Ein Bordeaux aus einem klassifizierten Château muss zwei Jahre lagern – zunächst im
Fass, dann in der Flasche –, bevor er in den Verkauf gelangt. Doch damit ist er noch
lange nicht trinkreif, denn ein Spitzenwein braucht Jahre, oft sogar Jahrzehnte, um sich
zu entfalten.

...bis dass der Tod euch scheidet

Vor zwanzig Jahren galt Bordeaux noch als unangefochtene Nummer eins unter den
Weinanbaugebieten. Jahrgangsschwankungen wurden damals als das betrachtet, was
sie sind: ein natürliches Phänomen. Niemand wäre auf die Idee gekommen, die Qualität
einzelner Weingüter grundsätzlich in Frage zu stellen, nur weil es eine Folge schlechter
Jahre gab. Die Weinliebhaber hielten ihrem Château die Treue, in guten wie in schlechten Zeiten. Dass die Poleposition des Bordelais heute umstritten ist, liegt weniger am
dortigen Wetter, als vielmehr an der sich permanent verschärfenden Konkurrenzsitu-
ation. Heute erwarten die durstigen Weintrinker stets Spitzenleistung: schwarze, un-
durchdringliche Weine, fruchtintensiv, ohne Ecken und Kanten, zum sofortigen Verbrauch
geeignet.

Ironischerweise sind es dieselben Weintrinker, die am lautesten lamentieren, wenn
moderne Vinifikationstechnologie zum Einsatz kommt. Ohne Mostkonzentrationsanla-
gen, die dem Most einen Teil des Wassers entziehen, läuft bei den Top-Châteaux und
ihren »Blue-Chip-Weinen« nichts, vor allem in kleinen Jahren. Das Ergebnis ist ein sich
verändernder Weinstil, unter anderem durch den vermehrten Einsatz des früher trink-
reifen Merlot. Der ursprüngliche Bordeaux, also ein Wein, der in der Jugend unnahbar
und verschlossen, im Alter aber dicht, komplex und trotzdem vielschichtig ist, gerät ins
Hintertreffen, weil sich die Bordelaiser Winzer heute mit ihren Kollegen aus Übersee
messen wollen – oder müssen.

Saint-Emilion

So verrückt ist Bordeaux: Unten auf der Halbinsel Médoc ist es lauschig warm und durch
die Meeresnähe auch reichlich feucht. Oben auf dem dreißig bis fünfzig Meter hohen
Kalksockel rund um das Städchen Saint-Emilion, das zum Unesco Weltkulturerbe gehört,

ist es kühler, windiger und trockener. Aufgrund des Klimas pflanzen die Winzer statt Cabernet Sauvignon *Cabernet franc* an. Die beiden Rebsorten sind eng verwandt, der Cabernet franc hat aber die Eigenschaft, ein, zwei Wochen früher zu blühen als sein Verwandter. Diese zusätzliche Zeit steht den Trauben zur Verfügung, um voll ausreifen zu können.

Auch in Saint-Emilion gibt es eine Klassifikation, die die Rangfolge der besten Châteaux festlegt. Sie wurde 1955 eingeführt und wird alle zehn Jahre aktualisiert. An der Spitze steht die Kategorie *Premier Grand Cru Classé* mit fünfzehn der besten und teuersten Weine, gefolgt von der Kategorie *Grand Cru Classé*, in der über vierzig Châteaux zusammengefasst sind. Doch damit nicht genug: Neben der Superklasse *Grand Cru Classé* gibt es noch die Kategorie *Grand Cru* ohne den Zusatz *Classé*.

Mittlerweile werden rund sechzig Prozent aller Weine als *Grand Cru* deklariert. Also aufgepasst! Grand Cru ist nicht gleich Grand Cru – man muss schon genau hinsehen, woher der Wein stammt.

Die Weinwelt steht kopf

Bis in die 1970er-Jahre hinein blieb in der Welt des Weins mehr oder weniger alles beim Alten: Die Châteaux produzierten, die Händler vermarkteten, die Engländer bewerteten und importierten – und der Rest der Welt trank genüsslich seinen Bordeaux, dessen Spitzenreiter zwar teuer, aber nicht unbezahlbar waren. Bis zu jenem Datum, das alles veränderte.

Es war der 24. Mai 1976, ein heißer Frühlingstag in Paris. Steven Spurrier, einflussreicher britischer Weinkritiker und Weinhändler, lud zu einer Blindverkostung ein, bei der er Spitzenweine aus Frankreich und den USA anstellte. Die Jury setzte sich aus angesehenen französischen Weinproduzenten, Weinhändlern und Weinautoren zusammen. Ihnen setzte er die besten roten Bordeaux aus Spitzenjahrgängen vor – und mischte darunter eine Reihe von Weinen aus Kalifornien. Nun war es an der Jury zu urteilen: alte französische Elite oder amerikanische Neuaufsteiger?

Um es kurz zu machen: Für die *Grande Nation* endete das Ganze als zweites Waterloo. Weder Mouton-Rothschild noch Château Montrose oder Château Haut-Brion landeten auf dem ersten Platz, sondern ein schnöder Cabernet von den Stag's Leap Wine Cellars! Dramatisch war nicht nur, dass es ein Amerikaner an die Spitze schaffte, sondern dass ausgerechnet die französischen Weine mit den hämischsten Kritiken bedacht wurden – von Franzosen selbst, die fest davon ausgingen, es handle sich dabei um kalifornische Gewächse. Das war der Genickschuss.

Schulnoten für Spitzenweine

Dann kam Robert Parker, Jr., der einflussreichste Weinkritiker der Welt. Ein Amerikaner aus Maryland. Seit er seinen Landsleuten den Mund wässrig macht mit seinen nach dem amerikanischen Schulnotensystem (fünfzig bis hundert Punkte) bewerteten Weinen, ist sein Urteil Gesetz. Als wäre Moses persönlich vom Berg Sinai gestiegen. Inzwischen warten die Bordeaux-Produzenten die Bewertungen von Parker ab, bevor sie die Preise festlegen. Noch wird der Bordeaux in Frankreich gemacht, aber über seine Zukunft wird längst in den USA entschieden.

Der Gerechtigkeit halber müssen wir berichten, dass Parker am Anfang seiner beispiellosen Karriere als Nobody von Château zu Château zog, in zugigen Herbergen nächtigte und sich mühsam durch die Fässer probierte, bevor es ihm gelang, den Engländern das Geschäft streitig zu machen. Dank Robert Parker und seiner gnadenlosen Kritik am traditionellen Bordeaux-Stil, der sich durch viel Gerbstoff, reichlich Säure und verhältnismäßig wenig Alkohol auszeichnete, kam es in den vergangenen zwanzig Jahren zu einem massiven Stilwechsel: Der Erfolg der Weine aus der Neuen Welt hat den Winzern im Bordelais bewusst gemacht, was Reife ist.

Seither sind die Gerbstoffe ihrer Weine nicht mehr pelzig wie ein Wollmammut, die Säure kauert nicht mehr isoliert in der Ecke und der Alkohol ist von elf auf dreizehn Prozent geklettert. Und so schmeckt der Cabernet längst nicht mehr nach grüner Paprika, was ein Hinweis auf Unreife ist, sondern nach reifen Schwarzen Johannisbeeren. Und die Preise steigen und steigen... Konnte man in den 1980er-Jahren einen Château Mouton-Rothschild noch für 99 DM kaufen, kostet er heute je nach Jahrgang zwischen 300 und 900 Euro.

Teuer, aber gut?

Diese aus dem Ruder gelaufene Preisentwicklung sagt natürlich nichts aus über die anderen 95 Prozent der im Bordelais erzeugten Rotweine, die nicht von den klassifizierten Châteaux stammen. Da herrscht schnell einmal finstere Nacht. Heute gibt es Bordeaux ja schon für 1,99 Euro beim Discounter: sauer, hart und einfach nur traurig. Das ist Wein, der den Weg in die Zwangsdestillation nicht geschafft hat, denn noch immer kämpft das Gebiet mit handfesten Überkapazitäten. Von den rund 100 000 Hektar Rebfläche werden in den nächsten Jahren wohl rund 10 000 der Hacke zum Opfer fallen.

Doch zwischen den klassifizierten Spitzenweinen und der sauren Brühe am Abgrund gibt es jedes Jahr viel zu entdecken: charmante Weine mit Charakter und Rückgrat, fair erzeugt und bezahlbar – einfach den Weinhändler deines Vertrauens fragen.

Wie geht es weiter?

Der Bordeaux ist das Vorbild für den internationalen Rotweinstil. Alle starken Rotweine aus der Neuen Welt orientieren sich an ihm. Dabei geht es nicht nur um Cabernet, Merlot oder deren Verbindung, sondern um kraftvolle, gerbstoffreiche Weintypen allgemein. Eine ganze Reihe von Rebsorten in Frankreich, Spanien und Italien erbringt ebenso kräftige, intensive, aromatische und ausladende Weine. Mehr dazu erfährst du im nächsten Kapitel unter *Bordeaux & Freunde*.

TÜR VIER:

Pinot noir

Die Farbe des Pinot noir ist überraschend hell, ein durchscheinendes Granatrot. Aber lass dich nicht irritieren, das muss so sein. Hör genau hin, was der Wein sagt: »*Ich bin ganz anders, als du denkst. Ich hatte in der Pubertät...*« Klingt kompliziert. Ist es auch. Wer gerne diskutiert, Für und Wider abwägt, liegt beim Pinot-noir-Typ genau richtig. Denn das ist kein Wein, der dir locker auf die Schulter klopft und augenzwinkernd zu verstehen gibt, dass zwischen dir und ihm alles in Ordnung ist. Meist erzählt er dir aus heiterem Himmel Dinge, die du gar nicht wissen wolltest. Aber wenn du erst mal eine Weile zugehört hast, kann es sein, dass ihr in Zukunft durch dick und dünn gehen werdet.

Pinot noir ist keine kurze Affäre, sondern ein
Wein fürs Leben, einer, der dich braucht.

Wenn du also einen wirklichen Charakterkopf suchst, bist du hier goldrichtig. Der Pinot noir hat sich übrigens mehrere Künstlernamen zugelegt: In Deutschland heißt er Spätburgunder, in Österreich und der Schweiz Blauburgunder, in Italien Pinot nero und im Rest der Welt Pinot noir. Und wenn du mit ihm auf Du und Du bist, darfst du ihn auch einfach nur Pinot nennen. In seiner Heimat Burgund wird Rotwein zwar zu hundert Prozent aus Pinot noir gemacht, doch auf dem Etikett taucht sein Name gar nicht auf. Der Wein wird nach den Lagen oder Orten benannt, in denen er gewachsen ist (siehe Kapitel »Chardonnay«).

Und warum ist Pinot noir so besonders?

Dieser Rotweintyp ist schwer zu fassen, was daran liegt, dass die Pinot-noir-Rebe nur in kühlem Klima richtig gut gedeiht. Dort kann sie dem Wein genügend Gerbstoffe und Aromen reifer Früchte mit auf den Weg geben. Und wenn der Boden hart und kalkreich ist, wird aus dem Pinot noir ein echter Einzelkämpfer, bei dem die Steine im Glas nur so klimpern. Wächst der Pinot noir in zu heißem Klima, gerät er breit, weich und alkoholisch und schmeckt zum Gähnen langweilig. Daher gibt es eigentlich nur eine Handvoll Orte, die für ihn richtig gut geeignet sind: allen voran Burgund, dann ein paar Plätze in Deutschland, Österreich, Südtirol und der Schweiz. Und der Nordwesten der USA (Washington-State und Oregon) sowie Neuseeland.

Großer Pinot noir entsteht nur durch die Risikobereitschaft des Winzers. Er muss warten können, bis die Trauben richtig ausgereift sind, und die Gefahr in Kauf nehmen, dass ihm die Fäulnis einen dicken Strich durch die Rechnung macht. Daher ist der rote Burgunder ein jahrgangsabhängiger Wein, dem man das Wetter stets anmerkt. Vermutlich ist das einer der Gründe, weshalb der Pinot noir ein vergleichsweise bescheidenes Dasein auf dem Weinglobus fristet. Viele Winzer trauen sich einfach nicht an ihn heran. Erfolgreiche Pinot-noir-Winzer sind immer auch Sadisten, bei denen die Rebe richtig leiden muss, damit der Wein gut wird. Aber auch Masochisten, denn einen perfekten Pinot noir zu erzeugen ist fast ein Ding der Unmöglichkeit. Doch die Qualen lohnen sich – ein wirklich guter Pinot noir kann dir die Sterne vom Himmel holen!

Wann ist Pinot noir besonders sexy?

Guter Pinot ist nicht geeignet, um Geschäftspartner, Chefs oder Weinangeber zu beeindrucken. Er ist ein Wein, bei dem sich das Gespräch im Idealfall um ihn selbst dreht. Dann wirst du ihn richtig genießen können. Fernsehen und Pinot? Vergiss es! Das ist wie Snowboarden in der Badehose.

Pinot noir 1

Chambolle-Musigny
Domaine Ghislaine Barthod

Duft: Gleich nach dem Einschenken verführt der Chambolle die Nase wie einst die Sirenen den armen Odysseus: Ein unwiderstehlicher Himbeerduft mischt sich mit dem Aroma von Harz und Pinienkernen, Pflaumenmus und Joghurt. Dieses Parfum wirkt so sublim, als wäre da gar kein Körper vorhanden. Der Wein duftet wie die reine Unschuld. Doch dann wirst du plötzlich mit eisernem Griff gepackt und energisch geschüttelt: Wach auf, Mann! Und dazu ein Farbenspiel wie flüssige rote Seide. Musst du auch an chinesische Papierlampions denken?

Geschmack: Von der ersten Sekunde an, wo der Chambolle die Zunge berührt, macht er aus seiner eigentlichen Bestimmung keinen Hehl mehr. Er ist gar kein schnurrendes Kätzchen, das nur spielen will. Auf der Zunge fährt dieser Pinot seine Krallen aus und lässt dich nicht mehr los. Es ist die paradoxe Wirkung seiner berückenden Fruchtsäure, die ihn so abwechslungsreich macht. Der Duft mag in gewisser Weise lieb und auch ein wenig harmlos wirken, aber dieser Eindruck verschwindet auf der Stelle, wenn du den ersten Schluck nimmst. Und trotzdem: Über Gerbstoffe denkst du dabei überhaupt nicht nach.

Pinot Noir 2

Gevrey-Chambertin
Domaine Bachelet

<u>Duft:</u> Der Gevrey steigt mit seinem Duft gleich zwei Oktaven tiefer ein. Er erinnert an Brotkruste, Harz, Balsam, Wermut und Süßholz. Aber auch an Veilchen und Anis. Riechst du auch seine erdigen Noten? Den Staub und den Hauch frischen Kuhmists? Aber das alles wirkt nicht abstoßend, sondern gerade richtig, um eine interessante Facette dieses Pinot zu bilden. Bei ihm sind die Aromen nicht so domestiziert, ihm haftet die Attraktivität bäuerlich-bodenständiger, ganz unverbogener Genüsse an. Der Gevrey ist direkt. Und aus Haut und Knochen. Seide? Gibt's hier nicht.

<u>Geschmack:</u> Am Anfang verhält er sich ganz still, doch dann platzen laut die Gerbstoffe dazwischen. Schluck für Schluck legen sie sich wie Lack auf die Zunge und verdrängen die Frucht. Nur ganz hinten am Gaumen hinterlassen sie eine faszinierende Mischung von strengen und bitteren Eindrücken. Ein staubtrockener Rotwein, sehr ernst und auch ein bisschen schizophren: vulkanische Urgewalt, glühende Lava – und dann diese superfrischen, saftigen kleinen Himbeeren... das gibt's doch gar nicht!

Unsere beiden Kandidaten zeigen, dass der Pinot noir etwas drauf hat, das keine andere Rebsorte der Welt auch nur annähernd beherrscht: Die beiden Weine trennen Welten, obwohl die Orte, an denen sie gewachsen sind, gerade mal vier Kilometer voneinander entfernt sind. Unsere zwei Roten sind Village-Weine, stammen also nicht aus klassifizierten Lagen. In Gevrey-Chambertin und Chambolle-Musigny sind das entweder Hanglagen, die nicht ganz nach Süden orientiert sind, oder aber flachere Lagen, die sich weiter in die Ebene erstrecken. In sehr trockenen Jahren können Flachlagen den Vorteil bieten, dass die Reben nicht in Trockenstress geraten, weil hier die Feuchtigkeit besser vom Untergrund gebunden wird als in den Hanglagen.

Preise von über fünfzig Euro für einen roten Burgunder aus einer Toplage sind, genau wie bei ihren weißen Pendants, keine Ausnahme. Doch wer das zu zahlen bereit ist, kauft mehr als nur Wein, er kauft einen flüssigen Mythos. Und er stellt sich nicht die Frage, die jeder andere stellen würde: Kann ich den Unterschied überhaupt schmecken? Wahrscheinlich schon, aber dazu gehört immer auch der Wille, und der wird eben auch vom Wert gesteuert, den der Wein repräsentiert und den man ihm persönlich beimisst.

Zur Illustration hier ein Beispiel ohne Wein: Lange Zeit galt das Gemälde *Der Mann mit dem Goldhelm* als ein Original von Rembrandt. Vor rund dreißig Jahren aber hat eine Untersuchung ergeben, dass das Bild bestenfalls aus dem Umfeld des Malers stammt. Und nun? Hat sich sein Wert geändert? Aber sicher! Käme es heute auf den Markt, würde es nur einen Bruchteil des früheren Preises erzielen, dabei ist es doch dasselbe Bild. Und es ist immer noch genauso gut. Trotzdem fühlen wir heute wohl alle etwas anderes, wenn wir es im Original betrachten. Ungefähr so verhält es sich mit exklusiven Weinen, den *Icon Wines*: Das Gefühl, das sie auslösen, ist ein anderes, wenn wir wissen, dass die Flasche nicht tausend, sondern nur fünfzehn Euro kostet. Wie kann das, was wir »Geschmack« nennen, davon unberührt bleiben?

Konkret: Jeder Wein wird bis zu einem bestimmten Punkt von den Entstehungskosten beeinflusst. Ein Wein, der im Discounter drei Euro kostet, wird aus Most erzeugt, der für rund fünfzig Cent pro Flasche produziert wird. Einschließlich Verarbeitung, Abfüllung, Flasche, Verschluss, Versand und Handelsmargen der Zwischenhändler wird er dann für etwa 1,40 Euro an den Discounter verkauft. Dieser addiert Marge und Steuern, und so entstehen die drei Euro. Aber welche Qualität haben Trauben, die für fünfzig Cent das Kilo produziert werden?

Bei einem Wein, der im Fachhandel acht Euro kostet, entfallen auf die Trauben rund 1,50 Euro. Da ist schon Qualität möglich. Hochwertige Weinlagen sind ja Immobilien, die Rendite abwerfen müssen, und das erreicht der Winzer nur über die Traubenqualität. Sobald Handlese und Traubenselektion ins Spiel kommen, werden die Weine im Handel über zehn Euro kosten. Strebt der Winzer noch höhere Qualität an, wird er die Erntemengen pro Rebstock senken, wodurch aber der Pflegeaufwand zunimmt. Wenn die Lagen dann auch noch klassifiziert sind, kommen schnell zwanzig, dreißig Euro auf uns zu. Diese Weine müssen uns natürlich nicht besser schmecken als solche für zehn Euro, aber den geschmacklichen Unterschied wird man fast immer wahrnehmen können.

Auch bei hochdotierten Spitzenweinen geht der maximale Traubenpreis kaum über zwölf Euro das Kilo hinaus, wenn Arbeitskraft, kurzfristige Abschreibung von Investitionen und Krediten sowie Rendite eingerechnet werden. Solche Weine werden im Fachhandel für rund fünfzig bis siebzig Euro angeboten. Jeder Verkaufspreis, der diese Summe übersteigt, ist ein Ergebnis des Marktes: Angebot und Nachfrage regeln den Preis. Ein Burgunder für hundertfünfzig oder gar tausend Euro ist also in der Entstehung nicht teurer als einer für siebzig.

Solche Weine müssen nicht besser schmecken. Hier setzt die Psychologie ein: Das Gefühl, einen Wein zu trinken, der einen besonderen Wert darstellt, ist ja bereits ein

Wert an sich. Und dafür sind viele bereit, tief in die Tasche zu greifen. Es ist wie bei der Markenkleidung, die auch nicht besser wärmt als die von Woolworth. Und doch wird schon jeder in seinem Leben einen Mehrpreis für einen subjektiv empfundenen, nicht messbaren Wert bezahlt haben, den er einer Hose, einer Bluse, einem Paar Schuhe beimisst. Weil's einfach so schön ist.

Nadelöhr Burgund

Aber zurück zum goldenen Hang, der *Côte d'Or*. Sie teilt sich in den nördlichen Abschnitt, die *Côte de Nuits*, und den südlichen, die *Côte de Beaune*. Im Norden wachsen die berühmtesten Rotweine der Region, und hier sind auch die meisten Grands Crus zu finden – ganze vierundzwanzig von den insgesamt zweiunddreißig. Fast alle sind dem Rotwein vorbehalten, etwa die weltberühmten Lagen Corton, Clos Vougeot und Chambertin. All diese Pinots sind nicht unter sechzig Euro zu bekommen. Aber nicht traurig sein, denn bei Weinen aus einem Premier Cru oder einer Ortslage gibt es für weniger Geld durchaus ähnliche Qualität zu finden.

Burgund ist ein Nadelöhr, aber wer hindurchgegangen ist, versteht viel besser, warum es teure Weine gibt und billige – und warum solche, die fast genauso schmecken wie die teuren, oft nur einen Bruchteil kosten. Es wird aber auch klar, warum manche Weine unkopierbar sind. Der Pinot noir gehört dazu. Alle, die heute irgendwo auf der Welt Pinot noir machen, orientieren sich – ob sie wollen oder nicht – an Burgund, das seit Ewigkeiten den Stil vorgibt.

Aber hören wir doch mal, was der Pinot noir uns sagt:

»Hier an der Côte de Nuits fühle ich mich pudelwohl. Der Boden besteht aus leckerem Kalk. Und weil meine Reben eng gepflanzt und alt genug sind, haben ihre Trauben ganz kleine Beeren. In ihnen sind alle Aromen konzentriert und jede Menge Informationen gespeichert, welche die Rebe im Laufe des Jahres gesammelt hat. Weil die meisten Winzer das wissen, pflanzen sie Rebstöcke, die nur wenige Trauben mit ganz kleinen Beeren tragen. Viel Schale und wenig Saft – ich sage dir, ich zieh dir die Schuhe aus!«

Kir Royal

Burgund, Beaune, Cîteaux und berühmte Lagen wie der Clos Vougeot, der über Jahrhunderte in der Hand der Zisterzienser war – hier entstand europäische Weinkultur. Und der Burgunder ist der Wein, der diese Entwicklung als zeremonielles und spirituelles Getränk begleitet hat. Wenn Sie uns fragen, ist das der Grund dafür, warum aus dem Burgunder ein klassischer Weinstil wurde. Sein Ansehen führte ihn bis an die Höfe der Könige und Päpste, er wurde zu einer Art Kir Royal des ausgehenden Mittelalters.

Die Haltbarkeit des begehrten roten Burgunders war schon früher so gut, dass ein reger Handel entstand. Er wurde über Saône und Rhône ins Mittelmeer und um die Iberische Halbinsel herum in den Atlantik bis nach Nordeuropa verschifft, hauptsächlich zu den durstigen Engländern.

Als die Mönche von Cîteaux 1136 den Zisterzienserorden gründeten, hatten sie nicht nur die Baupläne für ein schickes Kloster, sondern auch Weinreben im Gepäck. Als Erstes wurde die Kirche des Klosters Eberbach gebaut, die man noch heute bewundern kann: ein imposanter romanischer Bau, der oberhalb der Rheingauer Weinlagen ein wenig versteckt am Waldrand liegt. Dank ihrer internationalen Verbindungen führten die Mönche des Klosters Reben aus Frankreich ein und machten sie im Rheingau heimisch, darunter auch den Spätburgunder. Er findet sich noch heute in Assmannshausen in der Lage Höllenberg, die früher im Alleinbesitz des Klosters war. Auf diesem sehr steilen, geschützten und optimal nach Süden ausgerichteten Hang wächst der Wein auf dem einzigartigen Phyllitschiefer. Der karge Boden drückt dem Pinot noir seinen unverwechselbaren Stempel auf, weshalb im ganzen Höllenberg praktisch nur Pinot noir angebaut wird. Und dies seit ewigen Zeiten.

Gib dem Affen Zucker!

Kühles Klima, das bedeutet späte Reife. Was aber in warmen Jahren ein Garant für viel Aroma ist, gerät zum Nachteil, wenn die Wärmesumme nicht ausreicht, um die Trauben voll ausreifen zu lassen. Dann kann es passieren, dass der in den Trauben konzentrierte Zucker nur zehn, elf Prozent Alkohol ergibt und die Weine dünn und wässrig schmecken. Doch erst mit zwölf Prozent Alkohol wird der Wein harmonisch.

Vor zweihundert Jahren entstand die Idee, durch Zugabe von Kristallzucker vor der Gärung den Alkoholgehalt des Weins zu erhöhen. Dieser Eingriff war weitaus wirkungsvoller als die weit verbreitete Unsitte der Weinhändler, ihren Burgunder mit Branntwein aufzuspriten, um ihn feuriger zu machen. Bei der Zugabe von Kristallzucker bleiben die Weinaromen unverändert, nur der Alkoholgehalt steigt an. Die Idee stammte von Jean-Antoine Chaptal (1756–1832), der in seiner Zeit als Innenminister Napoleons von 1801 bis 1804 nicht nur den Meter einführte, sondern auch die Landwirtschaft reformierte. Er ließ den Gebrauch der Anreicherung – auch *Verbesserung* oder eben *Chaptalisation* genannt – regeln, von der in besonderem Maß die Winzer Burgunds profitieren, die ohnehin schon an der Grenze der klimatischen Möglichkeiten Weinbau betreiben.

1815 ereignete sich eine Naturkatastrophe, die auch großen Einfluss auf den Weinbau hatte: Der indonesische Vulkan Tambora brach aus – mit einer Stärke von 150 000 Hiroshima-Bomben! Die Explosion, bei der 160 Milliarden Kubikmeter Gestein und Asche in die Atmosphäre geschleudert wurden, war noch in 2500 Kilometer Entfernung zu hören. Zwei Tage lang herrschte im Umkreis des Vulkans pechschwarze Nacht. Im Sommer danach gingen auch in Europa die Lichter aus: Es war kalt, Missernten führten zu Hungersnöten, Aufstände brachen aus. Auch der Weinbau lag am Boden. Erst in den Folgejahren konnten wieder Trauben geerntet werden. Da kam die Chaptalisation gerade recht, um den mangelnden Alkoholgehalt der Weine auszugleichen.

Heute ist die Anreicherung europaweit gesetzlich geregelt. Je nach Klimazone (Loire, Burgund, Deutschland, Österreich) ist ein bestimmter Zusatz von Kristallzucker erlaubt – bis zu zwei Gramm pro Liter. Dadurch wird der Wein kraftvoller und ausdrucksstärker, schließlich ist Alkohol ja auch ein Geschmacksverstärker.

Charakterkopf mit dünner Haut

Der Pinot noir ist auch deshalb so eigenwillig, weil er über relativ wenig Pigmente verfügt. Die Schalen seiner Trauben, in denen sich die Farbstoffe befinden, sind dünn, der Saft im Innern der Beeren ist hell. Er ist eine Art Bleichgesicht und ergibt einen eher hellen Rotwein, was aber nichts über seine Qualität aussagt. Denn Gerbstoffe hat der Bursche sehr wohl! Und wenn diese optimal ausgereift sind, lassen wirklich ausgebuffte Winzer die Trauben manchmal mit den Stielen vergären.

Jedenfalls kann ein Pinot noir aussehen wie ein Rosé aus der Provence, aber herb und kraftvoll schmecken wie neunundneunzigprozentige Bitterschokolade. Müssen wir jetzt noch erklären, dass der Pinot ein besonders guter Essensbegleiter ist? Überall, wo Pilze im Spiel sind, wo Rindfleisch lange geschmort wird, wo wie beim Radicchio Bitterstoffe eine Rolle spielen, da zeigt der Pinot noir, was er drauf hat. In Burgund kann man live erleben, was es heißt, wenn sich eine Region kulinarisch auf einen Charakterkopf wie den Pinot einschießt. Es gibt eine Reihe von typischen Gerichten, die mit den Weinen der Region perfekt harmonieren, etwa Œufs en meurette (in Rotwein pochierte Eier), Bœuf bourguignon (geschmortes Rindfleisch) oder Jambon persillé (Schinkensülze mit Petersilie). Dabei muss es kein sündhaft teurer Wein sein, gerade die einfachen Burgunder passen wie angegossen zu diesen im besten Sinn rustikalen Speisen. Appetit bekommen?

Bitte sehr!

Bœuf bourguignon

1 kg Bio-Rindfleisch
  (durchwachsen, aus der Schulter)
100 g durchwachsener Speck
1 EL Pflanzenöl
5 rote Zwiebeln
ein halbes Glas Weinbrand (Cognac)
eine halbe Flasche Pinot noir
3 Lorbeerblätter
2 Gewürznelken
500 g Karotten
100 g Perlzwiebeln
200 g kleine Champignons
1 EL Mehl
1 EL Butter
1 Bund Petersilie
Salz, Pfeffer

Bœuf bourguignon ist in Burgund so etwas wie der Sonntagsbraten. Und wie gemacht, um eine Flasche Pinot noir zu köpfen. Das Wichtigste neben dem Wein (natürlich ein roter Burgunder) ist das Rindfleisch, mit ihm steht und fällt alles. Es sollte schön marmoriert und wirklich gut abgehangen sein.

Das Rindfleisch in etwa fünf Zentimeter große Würfel schneiden – also richtig große Stücke, dann gart es viel besser. Die Würfel im Idealfall ein, zwei, drei Tage im Rotwein marinieren und dafür abgedeckt in den Kühlschrank stellen. Der Wein sollte das Fleisch bedecken. Einmal täglich wenden.

Wenn das Fleisch die Reifeprüfung absolviert hat, den Speck in kleine Würfel schneiden und in einem schweren, großen Topf zusammen mit dem Öl bei mittlerer Hitze auslassen. Erst werden die Würfelchen glasig, dann trocknen sie ein. Das ist der Augenblick, das gut abgetropfte und abgetrocknete Fleisch vorsichtig in das heiße Fett gleiten zu lassen.

Die Würfel ein paar Minuten braten, ohne sie zu wenden oder zu bewegen, bis sie auf einer Seite karamellisiert

Hier lässt sich am eigenen Leib erfahren, wie wichtig beim Pinot noir die Säure ist. Trinkst du den Wein solo, kann sie dich am Anfang vielleicht irritieren. Zum Bœuf wird derselbe Wein aber ganz andere Qualitäten zeigen, plötzlich ist die Säure angenehm. Der Wein belebt, macht Spaß und lässt die Gerbstoffe tanzen.

Wahrscheinlich befürchten Weinkritiker und -händler, ihre Kunden könnten den Zusammenhang zwischen Rotwein und Säure als abwertend verstehen. Jedenfalls wundern wir uns, weshalb wir in Weinbeschreibungen fast nie etwas über die Säurestruktur von Rotweinen lesen. Und gerade in diesem Punkt hat doch der Pinot noir ein gewichtiges Wort mitzureden.

sind. Erst dann umdrehen und von den anderen Seiten weitergaren. Es sollte immer nur so viel Fleisch im Topf sein, dass der Boden nicht ganz bedeckt ist, sonst kocht das Fleisch, statt zu braten. Zudem muss der Dampf entweichen können.

Die Zwiebeln schälen, halbieren und in Streifen schneiden. Dann zum Fleisch geben und anschwitzen, bis sie glasig sind. Nun den Weinbrand zugeben und flambieren. Wer derartige pyrotechnische Spezialeffekte nicht mag, kann den Alkohol auch einfach verdampfen lassen. Ist zwar nicht so aufregend, erzielt aber die gleiche Wirkung.

Jetzt ist die Rotwein-Marinade an der Reihe, mit der das Ganze abgelöscht wird. So viel Flüssigkeit angießen, dass das Fleisch gerade bedeckt ist. Die Lorbeerblätter und Nelken dazugeben, salzen, pfeffern. Im geschlossenen Topf auf kleiner Flamme oder im vorgeheizten Ofen bei 150 Grad rund eine Stunde schmoren lassen. Die Flüssigkeit sollte nicht kochen.

In dieser Zeit die Karotten schälen und in Stücke oder Stifte schneiden sowie die Perlzwiebeln häuten.

Beides zum Fleisch geben, wenn es eine Stunde Garzeit hinter sich gebracht hat, und weitere 45 Minuten schmoren lassen. Zwischendurch die halbierten Champignons zugeben.

Am Ende der Garzeit (das Fleisch sollte zart und mürbe sein, aber nicht zerfallen) die Schmorflüssigkeit in eine Pfanne abgießen und mindestens auf die Hälfte einkochen.

Mehl und Butter verkneten und nach und nach in die konzentrierte, kochende Soße einrühren, um sie zu binden. Mit Salz und Pfeffer abschmecken und wieder zum Fleisch geben.

Zum Schluss die Petersilie fein hacken und über das fertige Gericht streuen, das man am besten direkt aus der Kasserolle serviert.

Dazu passen Salzkartoffeln perfekt. Und natürlich die richtige Flasche Burgunder. Du wirst staunen, wie sich plötzlich sogar ein ziemlich kompakter, gerbstoffbetonter Pinot lammfromm zeigt und gepflegte Konversation macht – besonders mit den saftigen Rindfleischstücken.

Wie geht es weiter?

Pinot-Freunde aller Länder, vereinigt euch! Wenn dir der Pinot gefällt, wirst du dein Herz sicher an eine Reihe anderer Weine verlieren – vielleicht auch an die Spät- und Blauburgunder in Deutschland, Österreich, der Schweiz und Südtirol. Das Gute liegt so nah!

Aber es gibt auch noch etliche andere, mehr oder weniger leichte und fruchtbetonte Weine, die eher elegant als kraftvoll sind. Mehr über sie erfährst du in *Pinot noir & Freunde* im nächsten Kapitel.

Träume nicht dein Leben –

trinke deinen Traum

Vier Weinstile, acht Weine. Aus der Theorie wurde Praxis. Und aus der Praxis Erkenntnis. Du hast etwas Wesentliches wirklich erlebt und nicht bloß davon geträumt oder gesprochen. Jetzt stehst du auf eigenen Beinen und kannst als selbstbewusster, aufgeklärter und demokratischer Weintrinker durchs Leben gehen. Glückwunsch! Damit du dich auch in Zukunft möglichst gut zurechtfindest, geben wir dir ab jetzt nicht mehr vor, welche Weine du genau trinken sollst. Von nun an gibt es nur einen Weg:

AUSPROBIEREN

Wo hast du dein Herz verloren?

Bisher waren es nur vier Weinsorten, da müsste dir die Wahl doch eigentlich leichtfallen.

Hat dir die Riesling-Frucht den Kopf verdreht?

Oder der elegante Pinot noir?

Macht dich der schlanke Körper des weißen Burgunders an?

Oder die Fülle des Bordeaux?

Was du mit diesen Weinen erreichen kannst, ist zugleich das Beste, was sie dir geben können: ein schönes, sicheres und bequemes Leben mit dem Wein. Dafür sind sie gemacht und dafür sollten wir sie schätzen und lieben. Die Weinwelt wäre allerdings nicht die, in die wir uns unsterblich verliebt haben, wären da nicht noch ein paar Kleinigkeiten, die du erfahren solltest.

Riesling, Chardonnay, Bordeaux und Pinot noir verkörpern ohne Zweifel die wichtigsten Weinstile der Welt, aber jeder dieser Typen hält viele weitere Räume für dich bereit. Was dir in Zukunft dort begegnen wird, wirst du dank unseres Orientierungssystems problemlos einordnen können. Das Vierersystem wird es dir ermöglichen, viele andere Weinbeziehungen einzugehen.

Natürlich hat jeder Wein seinen eigenen Charakter und seine individuellen Eigenschaften, aber er fügt sich doch in das bereits vertraute Raster ein. Besorg dir einfach ein paar Flaschen von dem Typ, der dich am meisten angesprochen hat, und verfolge diese Weine weiter, ganz nach Lust und Laune. Und wenn dich einer besonders anmacht, kaufst du dir davon einen Vorrat. Nicht damit der Wein reift, sondern damit du einen eigenen Fundus hast, aus dem du schöpfen kannst, dein ganz privates Genussarchiv. Das ist der garantiert beste Weg zur Weinpersönlichkeit.

Riesling & Freunde

Der Riesling an sich ist ein Kosmos, in dem Millionen Sterne leuchten – nicht nur Uhlen und Ungeheuer, Pfalz und Mosel, trocken und süß. Deshalb ist es uns wichtig, jetzt auch noch von Rieslingen zu berichten, die ganz anders ticken.

Beim Riesling zählt vor allem die Herkunft. Diese Top-Locations haben sich mit Rieslingen der Extraklasse einen großen Namen gemacht:

Rheingau   Mosel   Pfalz   Rheinhessen

Nahe   Wachau   Elsass

Die Tür zum Rheingau – das Tal der Könige

Lange Zeit wurde der Riesling-Stil des Rheingaus dominiert von den Spitzenweinen der adeligen Grundbesitzer. Namen wie Schloss Vollrads, Schloss Reinhartshausen und Schloss Johannisberg standen für einen unverwechselbaren Weinstil und waren die Vorbilder für den internationalen Weinhandel. Besonders die restsüßen Spätlesen, die mühelos Jahrzehnte altern konnten, begründeten den Ruf dieser Weine. Doch dann kam die Inflation: Neue Rebzüchtungen, Kunstdünger und moderne Kellertechnik hatten zur Folge, dass selbst auf Rübenäckern Spätlesen geerntet wurden. Die Preise fielen – und mit ihnen die Qualität. Als nach dem Glykolskandal in Österreich 1985 keiner mehr das süße Zeug trinken wollte, kam es zum Weincrash. Fortan besannen sich die kleinen, flexibler agierenden Weingüter im Rheingau auf Qualität, Ertragsreduzierung und die Produktion trockener Weine.

Seit dieser Zeit galt nur noch trockener Wein als guter Wein. Die Sado-Maso-Trinker akzeptierten Weine mit schneidender Säure, die in den kühlen Jahren bis 1989 immer reichlich vorhanden war. Erst zu Beginn der 1990er-Jahre änderten die Winzer ihre Strategie und erzeugten vermehrt Weine, die auch harmonisch schmeckten. Seit zwanzig Jahren prägen die kleineren Weingüter den Riesling-Stil und geben heute im Rheingau die Marschrichtung vor, der die großen, etablierten Betriebe nur mühsam folgen.

Mosel – steile Weine aus steilen Lagen

Der Mosel-Riesling verdankt seinen Stil drei Faktoren: einem Tal mit steilen Hängen weit im Norden, dem Schiefer und einer langen Vegetationsperiode. Hier entsteht Wein, der sich über die Säure definiert. Auch mit nur sieben oder acht Prozent Alkohol ist er kraftvoll und hallt dank dichter Mineralität besonders lange nach. Voraussetzung ist allerdings, dass Konzentration, Säure, Restsüße und Mineralität Hand in Hand gehen.

Im trockenen Bereich bedarf es einer anderen Denk- und Arbeitsweise des Winzers. Er muss bereit sein, alles auf eine Karte zu setzen. Nur wenn er spät erntet, vielleicht erst im November, wird er Trauben mit weniger Säure lesen, die es ihm ermöglichen, hochwertige trockene Mosel-Rieslinge zu erzeugen. Ob trocken oder restsüß – Riesling von der Mosel kann die schillernde Eleganz von Cool-Climate-Weinen vollendet unter Beweis stellen. Davon zeugen die Spitzenlagen dieses Gebiets.

Pfalz – starker Riesling

Die bedeutendsten Rieslinge dieses Anbaugebiets kommen von der Haardt, also jenem Bereich der Pfalz, der von Neustadt an der Weinstraße bis nach Schweigen im Süden reicht. Diese Weine zeichnen sich durch eine fein abgestimmte Säure aus, sind kräftig und haben reichlich Fruchtaromen getankt. Die Lagen rund um Kallstadt, Forst, Wachenheim, Deidesheim und Königsbach sind ein ideales Terrain für Spitzen-Rieslinge. Aus Forst stammt ja auch unser Riesling vom Ungeheuer.

Die Tür nach Rheinhessen – Ex-Aschenputtel

Liebfraumilch, der beliebteste deutsche Exportschlager, hat sein hundertjähriges Jubiläum als Markenwein bereits hinter sich. Doch Rheinhessen, das größte deutsche Weinbaugebiet, hat heute viel mehr zu bieten als Fassware für Billigtrinker.

Großartig sind vor allem die Rieslinge vom Rheinufer: vom Scharlachberg in Bingen, vom Roten Hang in Nierstein, aus Oppenheim und natürlich aus Worms, wo im Wormser Liebfrauenstift-Kirchenstück, der berühmten Originallage der Liebfraumilch direkt am Rhein, wirklich entdeckenswerte Rieslinge wachsen. Auch in Westhofen, Osthofen und rund um Flörsheim-Dalsheim entstehen immer mehr Rieslinge, die eine Reise lohnen. Richtig spannend sind vor allem die halbtrockenen und süßen Versionen aus Nierstein.

Und die Nahe

Noch immer ist die Nahe der weiße Fleck unter den deutschen Weinbauregionen. Dabei hat sich hier in den letzten Jahren ein echtes Riesling-Wunder ereignet. Hier gedeihen schillernde, herrlich gemusterte Schmetterlinge zum Trinken. Wenn sie leise ihre Flügel öffnen, zeigen sie ihre ganze Schönheit.

Weil die Böden an der Nahe so vielfältig sind, wächst nicht überall Riesling. Verlässliche Adressen sind Langenlonsheim, Münster-Sarmsheim, Bad Kreuznach, Traisen, Niederhausen, Oberhausen, Ebernburg und Schlossböckelheim.

Wachau – Spitzenwein vom Urgestein

Österreichs Weinbauregionen liegen im Cool-Climate-Bereich, so auch die Wachau, ein kleines, hochnobles Weinbaugebiet, wo extraterrestrisch gute Rieslinge wachsen. Den Winzern hier gelingt das schier Unmögliche: Sie erzeugen kraftvolle Weine, die nur so strotzen vor mineralischer Wucht, aber gleichzeitig eine feine, brillante Säure haben.

Die Winzervereinigung Vinea Wachau hat für trockenen Riesling und die Rebsorte Grüner Veltliner eine eigene Klassifikation mit drei Kategorien eingeführt:

STEINFEDER: eleganter, feiner Alltagswein mit maximal
  11,5 Prozent Alkohol
FEDERSPIEL: kraftvoll-fruchtiger Wein mit maximal
  12,5 Prozent Alkohol
SMARAGD: Spitzenklasse für mineralisch-intensive Konzentrate ab
  12,5 Prozent Alkohol

Auch im Kamptal gibt es eine Handvoll Erzeuger, die wirklich herausragenden Riesling erzeugen. Er gehört zum Besten, was sich dieser Rebsorte entlocken lässt.

Elsass – ein vergessenes Weinparadies

Weinen aus dem Elsass haftet etwas eigentümlich Zwitterhaftes an. Im Prinzip werden deutsche Rebsorten auf französische Art vinifiziert. Die daraus entstehenden Weine vereinen die Fruchtigkeit deutscher Rebsorten mit der alkoholischen Körperlichkeit französischer Gewächse. In Frankreich werden Weine immer im Hinblick auf ihre Rolle als Essensbegleiter erzeugt. Zum Glück widmen inzwischen auch die deutschen Winzer diesem wichtigen Aspekt mehr Aufmerksamkeit.

Die Rieslinge aus den einundfünfzig klassifizierten Grand-Cru-Lagen zwischen Strasbourg und Mulhouse zeichnen sich durch eine unverkennbare Restsüße bei relativ hohem Alkoholgehalt aus. In ihrem geschmacklichen Ausdruck ähneln sie dem Mosel-Riesling vom Winninger Uhlen.

Kein Klub der einsamen Herzen

Das Liebesnest des Rieslings ist natürlich auch offen für einige Weine aus Sorten, die unter ähnlichen Bedingungen wachsen. Es sind drei Rebsorten, deren klimatische Vorlieben sich durchaus mit jenen des Rieslings vergleichen lassen.

Grüner Veltliner   Silvaner   Sauvignon blanc

Sie alle verbindet das kühle Klima, denn dort – und nur dort – wachsen sie zu unvergleichlichen Weinen heran. Darum sollte man sie immer im Zusammenhang mit ihrer Herkunft sehen, nicht isoliert als Rebsorte, dann versteht man noch besser, was sie so heraushebt.

Grüner Veltliner – Felix Volkswein

Riesling = Deutschland, Grüner Veltliner = Österreich – so lautet die einfache Gleichung. Sie sind sozusagen die Volksweine der beiden Länder. Felix Austria! Du hast so einen wunderbaren Rebenschatz und die richtigen Weinbauregionen dazu. Der Grüne Veltliner ist zu mehr geboren, als mit Mineralwasser entschärft zu werden und als *G'spritzer* zu enden. Wenn die Winzer den Veltliner an die Kandare nehmen und es ihnen gelingt, den Wilden zu zähmen, machen sie aus ihm ein wahrhaft zivilisiertes Geschöpf. Typisch für ihn sind seine enorme Kraft, die feine Säure und sein Duft nach Pfeffer, Wiesenkräutern, Heu und Birnen.

Nicht nur aus der Wachau, dem Kremstal und dem Kamptal kommen Spitzenqualitäten, sondern auch aus dem Weinviertel, der Stammheimat des Grünen Veltliners. Und wenn die Österreicher nicht alles selbst trinken, bleibt für uns auch noch etwas übrig.

Eine Klasse für sich

Trockener Riesling ist eine Offenbarung, doch als demokratischer Weintrinker wirst du die Augen nicht vor Alternativen verschließen. Der Riesling fasziniert nicht nur durch seine Fähigkeit, die vielfältigsten Aromen zum Ausdruck zu bringen, mit ihm verbindet sich auch etwas wirklich Einzigartiges: **süßer Wein**.

Ja, richtig gelesen, es geht um Spätlesen und Auslesen, nach denen du dich verzehren wirst, wenn du dieser seltenen Spezies erst einmal begegnet bist. Falls dich der Winninger Uhlen mit seinem süß-fruchtigen Wesen so betört hat, dass du nachts nicht einschlafen kannst, dann bist du hier goldrichtig.

Überall, wo Riesling angebaut wird, erzeugen die Winzer auch süße Ausleseweine. Das Besondere daran ist, dass sie nur sieben, acht, neun, zehn Prozent Alkohol haben, dafür reichlich Süße und Säure. So etwas gibt es praktisch nur in Deutschland. Diese Weine sind leicht und schwer zugleich. Am berühmtesten sind die von Saar, Mosel, Nahe und Ruwer und die aus dem Rheingau.

Silvaner – flüssige Steine

Lange Zeit war der Silvaner Deutschlands meistangebaute Rebsorte. Weil sie sehr ertragreich ist, neigen die Weine dazu, neutral zu schmecken. Doch mittlerweile erzeugen die besten Winzer in Franken, wo Silvaner besonders häufig anzutreffen ist, aus ihm wirklich feine, elegante Weine, die vom Kalkstein erzählen, auf dem sie gewachsen sind.

Franken macht also vor, wie es geht, und liefert heute die besten Silvaner der Welt. Sie stammen etwa vom Würzburger Stein, einer Spitzenlage am Rand der fränkischen Metropole, aber auch aus Randersacker oder Sommerhausen – da klimpern die Steine im Glas. Wenn du schlanken, kräftigen, feinen Wein suchst, wirst du mit dem Silvaner glücklich. Übrigens gibt es auch in Rheinhessen duftigen, an reife Birnen erinnernden Silvaner.

Sauvignon blanc – Love and Hate

Wir wissen, dass du manchmal scharf auf harten Stoff bist. Wer träumt denn nicht davon, einmal von einer steinernen Faust gepackt und zu Boden geschleudert zu werden? Zu so etwas ist der Sauvignon blanc in der Lage. Sauvignon blanc heißt die Rebsorte, Cool Climate das Programm. Ursprünglich stammt der Sauvignon vom nordfranzösischen Fluss Loire. Dort wachsen Weine wie Steinkonzentrate, deren Säuregerüst so großartig wie eine Kathedrale ist. Immerwährend, unvergesslich. Sauvignon blanc ist nichts für Schattenparker.

Die bekanntesten Sauvignon-Weine tragen nicht den Namen der Rebsorte, auch wenn sie zu hundert Prozent aus ihr gemacht sind. Sie werden nach ihren Herkunftsgebieten, den Loire-Appellationen *Sancerre* und *Pouilly-Fumé*, benannt. Diese Weine können unerbittlich sein, weil im Loire-Tal außergewöhnliche Klimabedingungen auf eine einzigartige Rebsorte treffen. Das atlantisch kühle Klima an der Loire findet seinen kongenialen Partner im geschmacklich grünen, vor Cassis, Gras und Brennnessel nur so strotzenden Sauvignon blanc. Kommt dann noch ein genialer Bodencocktail hinzu, ist ein Mythos geboren. *Fumé* heißt übrigens so viel wie rauchig. In der Tat kommen aus den besten Lagen der engagiertesten Winzer überaus mineralische Weine, die deutlich nach

Feuerstein duften. *Feuerstein...?* Besorg dir zwei Feuersteine und schlag sie aneinander. Was du jetzt riechst, ist Feuersteinduft, der entfernt dem Geruch von abgebranntem Feuerwerk ähnelt. Dieser unverwechselbare Duft entsteht, wenn der Wein eine bestimmte Konzentration von Mineralien erreicht.

So eindeutig und unverkennbar riecht nur Sauvignon blanc, der deshalb auch zu unseren Lieblingen gehört. Kräftig, glasklar und schön fruchtig duftet er nach Schwarzen Johannisbeeren, Stachelbeeren, grüner Paprika und ganz viel frischem Gras. Unser Duftspender von der Loire riecht, als würde jemand Rasen mähen. Aber keinen popeligen Vorgarten, sondern ein ganzes Fußballfeld! Für uns gibt es keinen Wein, der besser zu Spargel passt, vor allem in Tateinheit mit einer richtig sämigen, butterweichen Sauce hollandaise. Und natürlich zu Ziegenkäse. Und als Sondereinsatzkommando zu Pesto alla genovese – von den geschredderten Basilikumblättern bis zum Rasenmäher ist es ja wirklich nur ein Katzensprung.

Auch aus der *Touraine* und aus *Quincy* kommen großartige Sauvignons. Im Bordelais sind es die Weißweine aus den Appellationen *Graves* und *Entre-Deux-Mers*, die von sich reden machen. Sie bestehen zum Großteil aus Sauvignon blanc, sind aber deutlich weicher als die Sauvignons von der Loire.

In den letzten Jahren hat der Sauvignon einen Siegeszug durch die Weinwelt angetreten. Innerhalb von nicht einmal zwei Jahrzehnten hat er überall dort Fuß gefasst, wo es ihm kühl genug um die Ohren pustet, vorab in Neuseeland und Südafrika, aber auch in Italien (Südtriol und Collio), Argentinien und Deutschland. Und natürlich in der Steiermark. Die Sauvignons von hier zählen wirklich zur Weltspitze, du solltest sie keinesfalls verpassen!

Die mit dem Verwöhnaroma

Wenn du am Riesling aus dem Winninger Uhlen Gefallen gefunden hast, bist du bei den sogenannten Aromasorten bestens aufgehoben. Das sind Rebsorten, deren Weine sich durch einen besonders blumigen Duft auszeichnen – und im Mund zu einer wahren Aromenexplosion führen können.

Gewürztraminer   Muskateller

Gewürztraminer ist ein veritabler Flüssigtrip. Er duftet nach Rosen, Aprikosen, Litschi und Flieder. Und im Mund platzen Bomben von Grapefruit, Schokolade, Vanille, Orangen, Kiwi und Maracuja.

Die bedeutendsten deutschen Anbaugebiete für Gewürztraminer sind Baden und die Pfalz. Aber richtig berühmt ist das Elsass, wo der Gewürztraminer meist mit einer hübschen Dosis Restsüße erzeugt wird. Er kommt nicht als blutjunges Ding in die Flasche, sondern erst, wenn er ein paar Jährchen Reife auf dem Buckel hat. Dann entfaltet er seine Aromen besonders verführerisch auf der Zunge. Und natürlich Südtirol! Klar, dass das Stammland des Traminers (der Ort Tramin gab ihm den Namen) beim Gewürztraminer ein Wörtchen mitzureden hat. Dort wird er fast immer völlig trocken ausgebaut und schlägt mit einer kräftigen Dosis Alkohol ans Zäpfchen.

Muskateller wird in denselben Regionen kultiviert wie Gewürztraminer. Allerdings werden Muskateller-Weine fast immer durchgegoren, also trocken ausgebaut. Sie kitzeln den Gaumen mit reichlich Muskat-, Birnen- und Aprikosenaroma – ein sensationelles Geschmackserlebnis! Muskateller ist wie geschaffen, um orientalisch oder asiatisch gewürzte Speisen zu begleiten.

Süßer die Weine nie klingeln

Als Liebhaber des Uhlen-Rieslings könntest du auch ein Kandidat für die folgenden Weine sein:

Chenin blanc   Sauternes   Ausbruch   Tokajer

An der Loire wächst die Rebsorte *Chenin blanc*. Ihre besten Weine kommen aus der Appellation *Vouvray*, wo es auch wirklich kühl genug ist. Der Vouvray ist ein Wein, der wie der Riesling viele Gesichter haben kann: ultraknochentrocken, knochentrocken, trocken, halbtrocken, edelsüß und sogar schäumend. Sollte dir ein Chenin blanc begegnen, der nicht von der Loire stammt, sei nicht enttäuscht, wenn du ihn probierst: Chenin blanc ist die wohl am stärksten missverstandene Rebsorte der Welt. Auch in Südafrika wird sie verbreitet angebaut, doch die Weine schmecken fast immer nur süßlich, neutral und langweilig.

Bordeaux ist nicht nur eine Rotweinregion. In Sauternes und Barsac wird der *Sauternes* erzeugt, ein edelsüßer Weißwein, dessen Trauben vom Botrytis-Pilz befallen werden. Er durchlöchert die Haut der reifen Trauben. Dadurch verlieren sie Wasser, gleichzeitig konzentrieren sich Zucker und Säuren. Wenn die Beeren unter Mitwirkung des einzigartigen Klimas richtig eingeschrumpelt – rosiniert – sind, ist der Zeitpunkt gekommen, sie zu ernten. Der zähe, extrem süße Most wird in Eichenfässer gefüllt, wo er langsam vergärt. Es entsteht ein süßer, hoch konzentrierter, alkoholstarker Wein, der nach Trockenfrüchten, Aprikosen, Honig, Kaffee und geröstetem Weißbrot schmeckt. Aus gleichem Holz geschnitzt sind die Süßweine aus Österreich und Ungarn: der *Ausbruch* vom Neusiedlersee und der *Tokajer*. Beide werden wie der Sauternes aus am Rebstock eingetrockneten Trauben bereitet und können von betörender Delikatesse sein.

In Italien verfolgt man eine andere Strategie: Die Trauben werden über den Winter auf Strohmatten getrocknet und dann gepresst. Der zähe, extrem zuckerhaltige Most wird in kleine Holzfässer gefüllt, die man versiegelt und nach ein paar Jahren entleert. *Vin Santo* heißt der Wein und schmeckt herrlich nach Aprikosen, Honig, Trockenfrüchten und Nougat.

Was sonst noch kreucht und fleucht

Wenn du den Riesling liebst, dürften dir in Deutschland auch die Herzen von *Scheurebe* und *Müller-Thurgau* (auch als Rivaner bezeichnet) zufliegen.

In Österreich sind es *Zierfandler* und *Rotgipfler*.

In Italien lassen sich die *Soave*-Spitzenweine aus dem Veneto und der *Arneis* aus Piemont am ehesten dieser Kategorie zuordnen.

In Spanien sind es die Weißweine aus *Rueda* und Weine aus der Rebsorte *Albariño* und in Portugal die besten *Vinho Verde*, die zu diesem Weintyp passen.

Und um dir einen ganz exotischen Floh ins Ohr zu setzen, hier noch zwei wunderbare Weiße aus Griechenland: der *Agiorgitiko* und der *Assyrtiko*, zwei wirklich spannende Weine. Du wirst überrascht sein, wie sehr sie dem Riesling-Typ ähneln.

Chardonnay & Freunde

Auch die Chardonnay-Welt ist größer als Chablis und Meursault – und natürlich gibt es nicht nur Burgund.

Reduced to the Max

Der karge Chablis mit seiner kristallinen Säure ist etwas für Leute, die nach einem Wein suchen, der wie ein Laserstrahl durch die Nacht leuchtet. Viele Möglichkeiten gibt es nicht, denn nur Weine, die aus der Kälte kommen, können da mithalten:

Weißburgunder   Muscadet

Weißburgunder – deutscher Zitruszischer

Der Weißburgunder heißt in Frankreich *Pinot blanc*, in Italien *Pinot bianco*, und ist sehr eng mit dem Grauburgunder verwandt. Im Grunde ist er ein eher neutraler Typ. Im Duft hat er etwas Birne, Heu und Zitrus, auf der Zunge macht er sich mit feiner Säure und einem Hauch weißer Blüten bemerkbar.

In Deutschland genießt der Weißburgunder eine gewisse Aufmerksamkeit, besonders in der Pfalz und in Baden, wo die besten Beispiele dieser Rebsorte wachsen. Pinot blanc wird im Elsass, Pinot bianco in Südtirol angebaut, verschwindet aber meist in Cuvées.

Muscadet – cool am Atlantik

An der Loire-Mündung am Atlantik liegt das Weinbaugebiet Muscadet. Das klingt nach Muskat, hat damit aber nichts mehr zu tun, seit die Reblaus den alten Muscat-Rebbeständen den Garaus gemacht hat. Als Ersatz haben die Winzer die Sorte *Melon de Bourgogne* angebaut: hübsch neutral, frisch und säurebetont.

Am attraktivsten sind die *Muscadets sur lie*. Sie lagern nach der Gärung im Fass besonders lange auf der Feinhefe, ehe sie abgefüllt werden. Das gibt ihnen Struktur und Aroma mit. Die bekannteste Appellation an der Loire ist *Muscadet-Sèvre-et-Maine*.

Volles Rohr!

Viele Weißweine eifern in ihrem Charakter dem fruchtbetonten, üppigen Vorbild aus Meursault nach, zum Beispiel:

Grauburgunder   Viognier   Chasselas/Fendant

Chardonnay aus Übersee

Grauburgunder – fettes Teil

Wer in Deutschland einen richtig opulenten, weichen und säurereduzierten Wein sucht, liegt beim Grauburgunder genau richtig. In Frankreich heißt er übrigens *Pinot gris* und in Italien, man höre und staune, *Pinot grigio*. An der Nahe, in Rheinhessen, der Pfalz und Baden gibt es hervorragenden Grauburgunder zu entdecken. Manche Winzer vergären ihn im kleinen Holzfass, um ihn noch cremiger zu machen. Dadurch baut sich die Säure ab und die Holzaromen werden im Wein eingebunden. So entsteht ein richtig fettes Teil, vollbepackt mit Honig, Melonen und Birnen.

Im Elsass hat der Pinot gris sogar Grand-Cru-Status, das heißt, er ist in den Kreis der exklusiven Rebsorten aufgestiegen. Pinot gris ist hier immer ein leicht restsüßer Wein mit vollem Honigaroma und enormem Reifepotenzial.

Bleibt noch Italien: Der Pinot grigio ist zwar in aller Munde, aber meist kein echter Bringer. Die Varianten aus Frankreich und Deutschland sind ihm um Längen voraus.

Viognier – Blumen von der Rhône

Die Rhône hat vor allem mit Rotwein von sich reden gemacht, dabei gibt es dort Appellationen, die nur dem Weißwein vorbehalten sind, zwei davon sogar ausschließlich der Rebsorte Viognier: *Condrieu* und *Château Grillet*. An den steilen Hängen über der Rhône entstehen Weine, die wunderbar exzentrisch sein können.

Frisch und blumig, im Duft Kräuter, vor allem Thymian, Heu, Zitrone und weiße Lilien, und das alles bei extrem weicher Säure – das ist Viognier. Oft hat er dreizehn oder vierzehn Prozent Alkohol im Gepäck und erinnert an getrocknete Aprikosen. Da die erzeugte Menge winzig, die Nachfrage aber groß ist, sind die Preise entsprechend hoch. Vielleicht ist das der Grund, warum der Viognier in Übersee so populär geworden ist. Endlich mal was anderes! Leider werden ihm seine Säurearmut und sein hoher Alkoholgehalt allzu oft zum Verhängnis: Ab fünfzehn Umdrehungen pustet er einem schnell das Licht aus.

Chasselas und Fendant – Schweizer Eidgenossen

Wenn du einen Wein suchst, der mild, cremig und weich wirkt, bist du bei einem Chasselas aus der Schweiz richtig. Kommt der Wein vom Genfer See im Kanton Waadt, ist er sehr zurückhaltend und duftet nach Honig und Lindenblüten.

Ein Yvorne wiederum, gewachsen an den Hängen über der Rhône, kann sehr mineralisch sein, ohne auch nur einen Hauch Säure zu zeigen. Im Wallis heißt der Chasselas Fendant.

Chardonnay aus Übersee – Never-ending Story

Dies ist sicher der erfolgreichste Weißweinstil der Welt: *Chardonnay + Eichenholz + heißes Klima + hohe Reife.*

Traditionell entsteht dieser Weintyp durch die Vergärung des Mosts in kleinen Eichenfässern. Nach dieser Methode sind die burgundischen Weinlegenden *Montrachet, Meursault* und *Corton-Charlemagne* entstanden, die weltweit zum Vorbild wurden. Inzwischen ist das Vorbild so oft kopiert worden, dass die Kopien kaum noch etwas mit dem Original zu tun haben. Dazu beigetragen hat auch die industrielle Weinproduktion in Übersee: Durch künstliche Bewässerung, maschinelle Lese und Vergärung mit gerösteten Eichenchips, die in die Tanks gehängt werden, ist ein billiges Plagiat entstanden, das nur noch ein Zerrbild seines Originals ist.

Diesen Chardonnay-Stil findet man auf der ganzen Welt, in Kalifornien, Chile, Argentinien, Uruguay, Südafrika, Australien, Neuseeland und Indien ebenso wie in Europa (Italien, Spanien und Südfrankreich, um nur die wichtigsten Regionen zu nennen). Bestimmt hast du schon einmal einen solchen Wein im Glas gehabt.

Wir persönlich unterscheiden zwischen handwerklich hergestellten Weinen und Industrieprodukten. Letztere sind nicht einmal schlechte Weine, sie haben bloß keine Seele, sind austauschbar und jedes Jahr gleich. Bei den handwerklich hergestellten sind vor allem die Chardonnays aus dem Napa Valley, aus Sonoma und Santa Barbara berühmt. Der an der Küste täglich auftretende Nebel (bedingt durch die kalte Meeresströmung, die auf heiße Luft aus dem Landesinnern trifft) schützt die Reben vor der heißen Sonne. Hier ist der beste Platz für Chardonnay, von den kalifornischen Winzern ganz vertraulich *Chard* genannt.

In Australien hat sich der am stärksten eichenbetonte Stil durchgesetzt – so sehr, dass es Winzer gibt, die für Kunden, die das nicht mögen, ganz fett **UNOAKED!** aufs Etikett schreiben. Gut zu wissen …

Die interessantesten Chardonnays Südafrikas wachsen an der Küste, wo es kühler ist und die Weine eine umso ausgeprägtere Säure mitbekommen.

Côtes du Jura Blanc – Freakwein für Weinfreaks

Für die ganz Waghalsigen hier ein Hinweis auf den verrücktesten Weinstil Frankreichs. Es ist ein Weißwein aus dem Jura, einer Gegend zwischen Burgund und Schweizer Grenze. Von hier kommt nicht nur der sagenhafte Comté-Käse, sondern auch Wein, der nach Walnüssen, Curry und Sellerie schmeckt.

Für Einsteiger empfiehlt sich ein Côtes du Jura aus der Rebsorte Chardonnay. Er ist staubtrocken und erinnert entfernt an Sherry – etwas für Unerschrockene, die diesen Wein als Essensbegleiter schätzen, wo er zu Curry, Morcheln und Kapern oder zu reifem Comté sein Bestes gibt. Erhältlich nur in ausgewählten Weinläden nach Vorlage eines Bezugsscheins und des Nachweises höherer Weinkompetenz.

Bordeaux & Freunde

Der Bordeaux hat weltweit den größten Fanklub. Überall gibt es Groupies – Winzer wie Weintrinker –, die mit ihm um die Welt tingeln. Im Grunde öffnet der Bordeaux-Stil die Tür sperrangelweit in Richtung Übersee.

Der Cabernet lockt mit dunklem Teint und Dreitagebart. Er hat viel Cassis und reichlich Gerbstoff an Bord. Als Solist kann er ein echter Charakterkopf sein. Der Merlot ist dagegen ein echter Sunnyboy, immer freundlich lächelnd, immer fruchtig, mit vielen weichen Gerbstoffen. Das macht ihn zum idealen Teamplayer.

Cabernet Sauvignon, Merlot und Cabernet franc in Frankreich

Die drei Musketiere des Bordelais sind auch außerhalb ihrer engeren französischen Heimat verbreitet, unter anderem in den Nachbarappellationen, die direkt an Bordeaux angrenzen:

Bergerac   Côte de Bourg und Côte de Blaye

In *Bergerac* im Westen des Bordelais sowie an der *Côte de Bourg* und *Côte de Blaye*, die direkt an der Gironde liegen, entsteht ein Bordeaux-Typ, der zwar dem Original ähnelt, aber insgesamt leichter ist und nicht so viel Zeit bis zur Trinkreife braucht. Manchmal entdeckt man hier für wenig Geld echte Knaller, die einem einfachen, aber guten Bordeaux zum Verwechseln ähnlich sind.

Der Cabernet franc ist außerdem an der Loire vertreten, also viel weiter nördlich, wo er entsprechend zurückhaltende Weine erbringt:

Chinon   Bourgueil

Das sind zwei wirkliche Entdeckungen für alle, die einmal erleben wollen, wie ein rein-sortiger Cabernet franc aus kühlem Klima schmeckt: duftig, transparent und richtig kna-ckig. Diese Appellationen liegen bei der Stadt Tours in der *Touraine*, wo die Loire sanft in Richtung Atlantik mäandert – eine herrliche Landschaft!

Cabernet und Merlot in Europa – Hau den Lukas!

Für dich als Liebhaber des Bordeaux-Stils gibt es vielerorts in Europa interessante Inter-pretationen zu finden. Zahlreiche Winzer wollen beweisen, dass sie mit den Spitzen-erzeugern des Bordelais mithalten können, unter anderem in:

Italien   Tessin   Bulgarien und Rumänien

Griechenland   Österreich   Deutschland

Italien hat unzählige typische, unverwechselbare Weine zu bieten, und doch wird fast überall versucht, aus dem Cabernet einen Gerbstoff-Ferrari zu schmieden. Dabei gäbe es doch so viele geeignete Rebsorten, die das Potenzial der Weinberge Italiens wunder-voll zum Ausdruck bringen können. Überall in Norditalien wird Cabernet angebaut. Im *Trentino* ist es der Cabernet franc. Das *Friaul* produziert neuholzverstärkte Gerbstoff-Bo-liden. Und in der *Toskana* wird der Cabernet benutzt, um in Verbindung mit Eichenholz den sensiblen Sangiovese mundtot zu machen. Besonders schädlich ist die Verwendung von Cabernet und Merlot beim *Brunello di Montalcino*, wo diese Sorten zwar nicht zugelassen sind, wo aber trotzdem viel und gerne gemogelt wird, um den Brunello weichzuspülen.

Warum wir hier schimpfen? Nun, wir haben nichts gegen Bordeaux-Sorten in Italien, nur werden sie leider viel zu häufig verwendet, um den typischen Weinen Italiens ihre Typizität auszutreiben. Ausgerechnet! Müssen denn alle Weine am Ende gleich »inter-national« schmecken?

In der Toskana gibt es eine eigene Kategorie für Weine, die mal mehr, mal weniger Cabernet oder Merlot enthalten: *Toscana IGT*. Solche Weine tragen oft Fantasienamen und werden als *Supertoskaner* bezeichnet. Einige der berühmtesten unter ihnen sind Bordeaux Blends, zum Beispiel die berühmten Markenweine *Sassicaia* und *Ornellaia*, die direkt an der Küste wachsen.

In Süditalien, besonders in *Sizilien*, wächst inzwischen auch viel Cabernet und Merlot. Und ganz im Norden Italiens blickt *Südtirol* auf eine lange Tradition des Cabernet- und Merlot-Anbaus. Es gibt dort Rebflächen mit hundertjährigen Cabernet-Stöcken.

Der Schweizer Kanton *Tessin* macht seit Langem mit außergewöhnlichem Merlot von sich reden. Es sind fruchtige, kraftvolle, elegante Rotweine, die wirklich Spitzenqualität erreichen können. Nur trinken sie die Schweizer nahezu allein. Schade eigentlich.

Bulgarien und Rumänien sind Länder, in denen Cabernet seit vielen Jahren angebaut wird. In Griechenland, der Wiege des europäischen Weinbaus, ist der Cabernet dagegen ein Neuankömmling, zum Beispiel am Berg Athos, wo er ausgesprochen fruchtig und kraftvoll ausfällt und eine feine Säure hat.

Österreich hat in Sachen Bordeaux Blend viel zu bieten: Im *Burgenland* spielen die französischen Klassiker eine bedeutende Rolle in vielen roten Cuvées, die dort sicher zu den ausdrucksstärksten Botschaftern dieser Rebsorten gehören.

Und Deutschland? Hier ist der Cabernet Sauvignon seit ein paar Jahren überhaupt erst zugelassen. Einige interessante reinsortige Interpretationen von Merlot und Cabernet, die im Eichenfass ausgebaut werden, sind eher leicht als kraftvoll und manchmal von erstaunlicher Qualität. Am ehesten kommt in Deutschland der Merlot auf Touren.

Emigranten in Übersee

Cabernet und Merlot sind einfach unschlagbare Erfolgsmodelle. Sie werden auf der ganzen Welt angebaut – oft auf Teufel komm raus, ob das Klima nun sengend heiß und trocken oder ausgeglichen und kühl ist. Gerade in Übersee haben sich die beiden Sorten als regelrechte Marken etabliert. Dort hat sich auch ein eigener, opulenter Bordeaux-Stil entwickelt: Cabernet Sauvignon und Merlot fallen hier besonders kraftvoll, aber auch fruchtig-weich aus. Manchmal meint man sogar, die Weine hätten nichts mit den Originalen aus Bordeaux zu tun.

Der Erfolg der beiden Rebsorten basiert sicherlich auf der Tatsache, dass sie sehr flexibel auf die Anbaubedingungen reagieren. Unterschiedliche Klimaverhältnisse drücken ihnen unterschiedliche Charaktere auf. Und so kommt es, dass der rote Bordeaux unzählige Nachahmer findet. Wenn du also einen absolut fruchtigen, cremigen, ausladenden Bordeaux-Stil suchst, wirst du hier fündig:

Kalifornien   Südafrika   Chile   Australien

Als erste Weinregion hat *Kalifornien* gezeigt, dass in Übersee ideale Klimabedingungen herrschen, um Cabernet Sauvignon und Merlot zu imposanter Reife zu bringen. Von dort kommt eine regelrechte Flut sowohl handwerklich hergestellter Spitzenprodukte (die weit über fünfzehn Euro kosten) wie auch industriell gefertigter Erzeugnisse (die es bereits ab fünf Euro gibt), bei denen alles zum Einsatz kommt, was erlaubt ist – besonders Eichenchips, die auf billige Weise die beliebten Barrique-Noten nachahmen sollen. Napa Valley und Sonoma sind die anerkannten Spitzenregionen für hochwertigen Cabernet Sauvignon, Merlot sowie Cuvées aus den beiden Sorten.

Für Furore sorgte in den 1970er-Jahren das interkontinentale Joint Venture *Opus One* zwischen Baron Philippe de Rothschild und Robert Mondavi. Es läutete die Ära der Ebenbürtigkeit der Weinstile Kaliforniens und des Bordelais ein. Der Pionierwein *Opus One* hat eine hohe Reputation und einen ebenso hohen Preis. Er ist aber eher das Ergebnis einer Marketingstrategie als eines einzigartigen Terroirs – und ist damit weltweit zum Vorbild für eine ganze Reihe ähnlicher Projekte geworden.

Südafrika ist in Deutschland zum Weinimportland Nummer vier aufgestiegen, nach Italien, Spanien und Frankreich. Das verwundert nicht, denn seit Südafrika nach dem Ende der Apartheid als Weinbauland neu erwacht ist, kommen von dort wirklich viele großartige Weine, die vor allem vom gemäßigten Klima der Weinregionen profitieren. Der kühlende Einfluss des Benguela-Stroms aus der Arktis senkt im Küstenbereich rund ums Kap der Guten Hoffnung die Temperaturen. Die Weine fallen entsprechend fruchtig, elegant, aber nicht zu dick oder eichenwürzig aus. Und dies zu Preisen unter zehn Euro – dank superbilliger Arbeitskräfte und einer sehr kleinteiligen Weinbaustruktur, die zum Teil subventioniert wird, damit die Überproduktion vom Markt verschwindet.

So gliedert sich das Angebot in zwei Gruppen: einerseits Weine von klassischen Weingütern, die nach europäischem Maßstab produzieren und ihre Weine unter eigenem Namen vermarkten, andererseits große Mengen an Wein, der von Genossenschaften oder Großkellereien erzeugt und sehr günstig exportiert wird.

Einen eher klassischen Bordeaux-Stil verfolgen die Weinproduzenten aus *Chile*: kraftvoll, tanninstark und ausladend, ohne aber zu kitschig zu sein. Wirklich erstaunlich! Das trockene Klima am Fuß der Anden ist durch den Einfluss des Humboldt-Stroms deutlich kühler als zum Beispiel in Argentinien. Daher verfügen die chilenischen Weine über mehr feine Fruchtsäure, Schmelz und Eleganz.

Aus *Australien* schließlich kommen neben einigen Spitzenweinen aus Cabernet Sauvignon und Merlot vor allem einfache, holzbetonte Massenweine – einfach zu trinken, mit hoher Fruchtsüße und überaus reifen Gerbstoffen.

Rote Barone aus Europa

In Europa spielt der Bordeaux Blend nur in einigen Weinbauregionen eine herausragende Rolle. In anderen Anbaugebieten nehmen Rebsorten mit ähnlichem Charakter, die aber wegen des Klimas anders ausfallen, die Stelle von Cabernet und Merlot ein. Es sind die folgenden Rebsorten und Appellationen:

ITALIEN Lagrein und Teroldego Barbera Montepulciano

Aglianico Primitivo Nero d'Avola

FRANKREICH Syrah Côtes du Rhône Roussillon

Tannat Malbec

Cahors Madiran Bandol Corbières Côtes du Roussillon

SPANIEN Tempranillo

Italien hält in Sachen Bordeaux-Stil viele Überraschungen bereit. In Südtirol und Trentino sind es die dicken, farb- und gerbstoffreichen Weine aus *Teroldego* und *Lagrein*. Aus Piemont, genauer aus Asti, Alba und Monferrato, kommt der *Barbera*: vollbepackt mit Kirschfrucht, manchmal marmeladig-dick und bis oben voll mit Heidelbeeraromen und (zu) deutlichen Holznoten. In Umbrien hat der *Montepulciano d'Abruzzo* (nicht zu verwechseln mit dem edlen Vino Nobile di Montepulciano) einen eher einfachen, bäuerlichen Auftritt – nicht uncharmant, aber doch meistens ein wenig beschränkt. Der *Aglianico* ist ein voluminöser, vollfruchtiger Vertreter aus der Basilikata und der *Primitivo* ein manchmal fast schon dickflüssig wirkender, nahezu schwarzer Rotwein mit cremigen Gerbstoffen aus Apulien. Und schließlich der *Nero d'Avola* aus Sizilien, ein meist hoch konzentrierter, nach Pflaumen und Trockenfrüchten schmeckender Rotwein mit wenig Säure. Es gibt davon auch eine elegante Variante, die mit ihrer feinen, kirschartigen Frucht frischer ausfällt und fast schon ein Pinot Typ ist.

Spaniens Rebsorte Nummer eins ist der *Tempranillo*. Daraus erzeugen unter anderem *Rioja*, *Navarra*, *Ribera del Duero*, *Toro* und *La Mancha* ihre Weine. Sie stellen einen wahren Schatz für all jene dar, die nach kraftvollen, dabei frischen, fruchtigen, reifen und fruchtsäurebetonten Roten für unter zehn Euro suchen. Da Spanien das im Schnitt höchstgelegene Land Europas ist und die zentralspanischen Rebflächen oft auf sechshundert bis neunhundert Meter Höhe liegen, herrschen dort tagsüber zwar hohe Temperaturen von bis zu vierzig Grad, nachts aber wird es empfindlich kalt. Frost im September ist keine Ausnahme.

Von diesen Schwankungen profitieren die Trauben: Sie fallen besonders fruchtig und säurebetont aus. Daher verwundert es nicht, dass das Weinbauland Spanien eine glanzvolle Erfolgsgeschichte hingelegt hat. Die Qualität seiner Weine ist tatsächlich verlockend, vor allem, wenn du auf der Suche nach dem Bordeaux-Stil bist. Nicht unerwähnt bleiben dürfen natürlich die Weine aus dem *Priorat*, aus *Penedès* und *Cariñena*, die meist eine Mischung verschiedener lokaler Rebsorten wie etwa Garnacha (Grenache) oder Monastrell (Mourvèdre) sind.

Frankreich hat zum Thema Bordeaux-Stil enorm viel zu bieten. Die Rhône könnte man als wahre Rotweinschlagader bezeichnen. Hier wächst vor allem *Syrah*, ein echter Star unter den französischen Rotweinsorten. Gleich südlich von Lyon liegen die Anbaugebiete *Côte Rôtie* (wörtlich gerösteter Hang), *Saint-Joseph*, *Hermitage*, *Crozes-Hermitage* und *Cornas*, wo der Syrah die absolute Hauptrolle spielt.

Diese genialen, muskelbepackten Rotweine, die eine lange Reifezeit benötigen, gehören zu den besten roten Gewächsen Frankreichs: Sie haben schwarzen Pfeffer, Cassis, Lorbeer und Preiselbeeren im Gepäck und zeichnen sich durch überaus langlebige Gerbstoffe und feine Fruchtsäure aus. Die Rebsorte Syrah spielt außerdem eine Rolle in der großen Appellation *Côtes du Rhône*, wo sie meist zusammen mit Grenache und anderen heimischen Sorten verarbeitet wird. Im *Roussillon* (Côtes du Roussillon und Collioure) entstehen aus Syrah spannende Weine, die aber weicher ausfallen und weniger von Fruchtsäure geprägt sind.

Südfrankreich bietet eine große Bandbreite an Weinen, die immer ein Mix aus verschiedenen dunklen, kraftvollen Sorten wie Mourvèdre, Grenache, Cinsault oder Carignan sind, welche oft zusammen mit Syrah verarbeitet werden. Die wichtigsten Appellationen heißen *Gigondas*, *Vacqueyras*, *Côtes du Rhône-Villages*, *Bandol*, *Minervois* und *Corbières*. Alle diese Weine vereinen Kraft, Volumen, Tiefe und Frucht und zeichnen sich durch ein Gerbstoffgerüst aus, das sie nicht so ohne weiteres über die Zunge rutschen lässt.

Bleiben noch die Rebsorten *Malbec* und *Tannat*. Der Malbec bildete über sehr lange Zeit das kraftvolle Rückgrat im Original-Bordeaux-Blend. Inzwischen ist er jedoch daraus verschwunden und hat sich in die Appellation *Cahors* im Westen des Bordelais zurückgezogen. Hier wächst der *Vin noir*, der schwarze Wein – ein Name, wie er treffender nicht sein könnte. Der Wein ist ein Muskelpaket, das vor lauter Kraft kaum laufen kann. Hier kann der Malbec zeigen, welche Energie in ihm steckt: tiefe Beerenfrucht, undurchsichtige Farbe und voll von schwerem Gerbstoff.

Im *Madiran* im Süden des Bordelais wird aus der Rebsorte Tannat ein ebenfalls nachtschwarzer Monsterwein erzeugt: tief und unergründlich, dabei vollbepackt mit Frucht und Saft.

Monsterweine aus dem Rest der Welt

Diese europäischen Rebsorten spielen in Übersee eine herausragende Rolle:

Syrah in Australien (heißt dort Shiraz)

Malbec in Argentinien

Primitivo in Kalifornien (heißt dort Zinfandel)

Carmenère in Chile

Tannat in Uruguay

Die Rebsorte *Syrah* hat unter dem Namen *Shiraz* in Australien eine wirklich phänomenale Karriere hingelegt. Dörrpflaumen, rote Johannisbeerkonfitüre, Lack und Eukalyptus, ein Hauch Minze und reichlich Eichenholz, das ist der typische Shiraz-Stil in Down Under. Die besten Vertreter wachsen auf der roten Erde *Terra Rossa* in der Region Coonawarra. Inzwischen wird der ganz besondere australische Shiraz-Stil in allen Weinbauländern der Neuen Welt nachgeahmt, unter anderem in Südafrika.

Malbec, in Europa fast nur im südwestfranzösischen Cahors zu Hause, feiert ein großartiges Revival in Argentinien. Dort werden wirklich außerordentliche, dicke und schwere Rotweine aus dieser Rebsorte erzeugt, reich an Frucht und sehr reifen Gerbstoffen.

Das Gleiche gilt für den *Tannat* in Uruguay, wo aus dieser hochwertigen Traube ein überaus dichter, nachtschwarzer Wein mit relativ weicher Fruchtsäure entsteht.

Der *Primitivo* feiert in Kalifornien sein Comeback als *Zinfandel*. Neben einer großen Bandbreite an Billigweinen werden von Spitzenerzeugern aber auch enorm verdichtete Aromenkonzentrate gekeltert, die zu den eigenwilligsten Weinen der kalifornischen Weinszene gehören. Sie stecken voller Pflaumenfrucht, sind dick und alkoholstark, wirken aber dank einer Reihe intensiver Gewürze wie Nelken, Zimt und Zedernholz überaus aromatisch.

Liebhaber des Bordeaux-Stils kommen in Chile mit einem Wein der Extraklasse auf Touren. Die Rebsorte *Carmenère* wurde früher im Bordelais angebaut, ist dort aber komplett verschwunden. In ihrer neuen Heimat Chile hielt man sie bis in die 1980er-Jahre fälschlicherweise für Merlot, weil die Blattform der beiden Sorten ausgesprochen ähnlich ist. Doch die Weine unterscheiden sich markant: Der Carmenère besitzt viel Gerbstoff, feine Fruchtsäure, Nelken und florale Düfte und kann ein wirklich erstaunlich kompaktes Mundgefühl hervorrufen.

Tipp für Freaks

Unsere Herzen fliegen den dichten, aber verspielten Rotweinen des Roussillon zu. Wirklich faszinierend kann der bereits erwähnte *Collioure* aus Syrah und Grenache ausfallen. Aus dem gleichen Rebsortenmix wird der aufgespritete, leicht süße *Banyuls* erzeugt, der dem Portwein ähnelt – wobei er ein paar Jahrhunderte vor dem Portwein erfunden wurde, der eigentlich eine Kopie des Banyuls ist.

Außerdem entdeckenswert: die trockenen Rotweine aus dem portugiesischen Douro-Tal sowie ein Wein für echte Freaks, der *Bonarda* aus dem italienischen *Oltrepò Pavese* südlich von Parma. Aus dieser dunkelvioletten Rebsorte werden hier leicht moussierende, trockene Rotweine erzeugt, die im Sommer ein unschlagbares Erfrischungsgetränk abgeben.

Freak out!

Pinot noir & Freunde

Hast du dein Herz an den Pinot verloren? Dann können wir dich nur beglückwünschen: Du zählst zur handverlesenen Gemeinde der echten Rotweinversteher! Und du genießt das Privileg, in Deutschland, Österreich, der Schweiz und Südtirol neben dem Pinot beziehungsweise Spätburgunder, wie er in Deutschland heißt, eine große, spannende Auswahl an Weinen zu finden, die mit dem Pinot viel gemeinsam haben.

Deutsche Wertarbeit

Ahr   Baden   Pfalz   Württemberg

Assmannshausen Ingelheim Klingenberg Bürgstadt

Im hohen Norden Deutschlands liegt das *Ahr-Tal*, eines der weltweit nördlichsten Anbaugebiete für Rotwein. Die Böden des kleinen, engen Tals bestehen aus Schiefer, genau wie an der Mosel. Auf den steilen Schieferterrassen wachsen feine, leichte, elegante Spätburgunder, die meist viel weniger Gerbstoff haben als die Pinots aus Burgund. Weil das Angebot knapp und die Nachfrage groß ist, aber auch wegen der aufwendigen Handarbeit in den Steillagen, sind die Preise relativ hoch – dafür aber auch die Qualität.

Baden ist Spätburgunderland, allen voran der Kaiserstuhl im Süden (Vulkangestein und kalkhaltiger Löss), der wie gemacht ist für die anspruchsvolle Sorte. Auch der Breisgau hat Spitzenburgunder zu bieten, der den Vergleich mit Burgund nicht zu scheuen braucht. In der *Pfalz*, vor allem im Süden, hat der Spätburgunder in den letzten Jahren qualitativ enorm zugelegt.

In weiteren deutschen Terroirs zeigt sich die Sorte auf höchstem Niveau: Auf dem einzigartigen Phyllitschiefer von *Assmannshausen* im Rheingau wächst wohl seit Jahrhunderten Spätburgunder – fein, duftig, elegant und überraschend haltbar. *Ingelheim* in Rheinhessen mit seinen Kalkböden war früher berühmt für seine Spätburgunder, die sich seit einigen Jahren wieder im Aufwärtstrend befinden. Gleiches gilt für die Rotwein-

Enklaven *Klingenberg* und *Bürgstadt* in Franken. Hier zeigt eine Handvoll Betriebe, wie großartig der Spätburgunder auf rotem Sandstein gedeihen kann.

Das Rotweinland *Württemberg* macht immer wieder mit Spätburgundern von sich reden. Aus Stetten und Kernen, Kleinbottwar, Öhringen, Esslingen, Heilbronn und Untertürkheim kommen überraschende Beispiele, die zu den besten Spätburgundern Deutschlands zählen.

Schweiz, Österreich und Südtirol
Auch die Schweiz ist eine Entdeckung wert: Fast in allen Weinbaukantonen sind einzelne Erzeuger zu finden, die wirklich herausragende Pinots keltern. Gleiches gilt für Österreich – und natürlich Südtirol, wo der mit Abstand beste Pinot nero Italiens wächst.

Pinot allein zu Haus
Kein Rotwein ist ein solcher Einzelgänger wie der Pinot noir, deshalb wirst du ihn so gut wie nie in Cuvées, also im Zusammenspiel mit anderen Rebsorten, finden. Es gibt natürlich immer wieder Winzer, die den Pinot auf seine Koalitionsfähigkeit hin testen, vor allem in Deutschland und Österreich. Aber die Ergebnisse zeigen, dass der Pinot einen Großteil seiner Ausdruckskraft verliert, sobald er mit anderen Sorten in Kontakt kommt. Er wird mundtot gemacht. Richtig brillieren kann er nur als Solist.

Der Pinot hat nicht nur viele Namen, sondern auch eine Riesenverwandtschaft:

ROT: Pinot Meunier (Schwarzriesling)

Samtrot   Frühburgunder

WEISS: Auxerrois   Weißburgunder

Grauburgunder

Lemberger und Blaufränkisch – eine deutsch-österreichische Freundschaft

Der *Lemberger*, ein heidelbeerfruchtiger und mit sanften Gerbstoffen ausgestatteter Rotwein, ist auch einer, der aus der Kälte kommt – jedenfalls im Anbaugebiet Württemberg. Plus Frucht, minus Kakao: Das ist Lemberger. Von engagierten Winzern wird er gerne im Eichenholz ausgebaut und manchmal auch zusammen mit anderen Rebsorten verarbeitet.

In Österreich heißt die Sorte *Blaufränkisch*. Im Süd- und Mittelburgenland haben die kräftigen, vollfruchtigen und fruchtig-süßen Weine in den letzten fünfzehn Jahren einen kometenhaften Aufstieg erlebt. Im benachbarten Ungarn heißt die Sorte *Kékfrankos* und liefert in Villány und Balaton (Plattensee) die besten Ergebnisse.

Die Rebsorte *Sankt Laurent* wiederum bringt in der Pfalz und in Österreich feine, elegante Rotweine hervor, die fast wie kraftvolle Spätburgunder wirken können.

Beaujolais – auferstanden aus Ruinen

Ganz im Süden Burgunds gibt es fruchtige Rotweinwunder zu entdecken. In den überaus liebreizenden Hügeln des Beaujolais nördlich von Lyon wachsen feine, fruchtige Rotweine, die zu hundert Prozent aus der Rebsorte *Gamay* gekeltert werden. Sie sind fein, elegant, von durchscheinendem Rot, mit sanften Gerbstoffen versehen und früh trinkreif. Die besten unter ihnen, die zehn Crus des Beaujolais, stammen von Granithängen: *Brouilly, Côte de Brouilly, Chénas, Chiroubles, Fleurie, Juliénas, Morgon, Moulin-à-Vent, Régnié* und *Saint-Amour*. Eine Qualitätsstufe darunter folgen die *Beaujolais-Villages*, quasi die Mittelklasse. Die Basis bilden die einfachen *Beaujolais*.

Und schließlich der *Beaujolais-Primeur* beziehungsweise *Beaujolais Nouveau*. Es war eine geniale Marketingidee, diesen blutjungen Wein ein paar Wochen nach der Lese (Stichtag ist der dritte Donnerstag im November) rasch unter die Leute zu bringen. Meist handelt es sich dabei aber um einen einfachen Schoppen ohne Ansprüche. Und weil er allgegenwärtig ist, hat er den Namen des hochwertigen Beaujolais inzwischen ramponiert. Das ist schade, denn bereits ein Beaujolais-Villages kann echt aufregend sein.

Grenache – begierig, entdeckt zu werden

In Südfrankreich ist die Rebsorte Grenache weit verbreitet – und nicht nur dort, sondern auch in Spanien (Garnacha) und Sardinien (Cannonau). Die dünnschalige Traube ergibt wie der Pinot noir tendenziell hellfarbige Rotweine. Doch im Gegensatz zu ihm eignet sie sich wunderbar für Cuvées.

In einigen der berühmtesten Rotweine Frankreichs wie *Côtes du Rhône*, *Château-neuf-du-Pape* oder *Gigondas* spielt Grenache eine wichtige Rolle. Allerdings entsteht, sobald die Sorte mit Syrah kombiniert wird, eher ein Bordeaux-Typ. Reinsortig ausgebaut ist Grenache immer seidig, transparent und von granatroter Farbe. Doch seine Gerbstoffe haben es in sich – so sehr, dass man in Spanien aus dieser Sorte enorm dichte und komplexe Rotweine erzeugt.

Nebbiolo – stark bis zum Umfallen

Der Nebbiolo ist ein Zwitter: relativ hell in der Farbe, aber voll von Gerbstoff. Es kann Jahre dauern, bis er genussreif ist. Daher ist es nicht so einfach, ihn einzuordnen. Von der Farbe, Frucht und Eleganz her ist er ein Pinot-Typ, von der Wucht und Kraft her ein Bordeaux-Typ.

Nebbiolo-Weine stammen bis auf wenige Ausnahmen aus Piemont. Sie heißen *Roero*, *Ghemme*, *Gattinara*, *Barbaresco* und *Barolo*. Barolo und Barbaresco haben ein Maximum an Gerbstoffen, die selbst nach mehrjähriger Fasslagerung noch nicht gebändigt sind. Diese Weine brauchen oft mehr als zehn Jahre, um zur Vollendung zu reifen. Aber dann… Dann verführen sie mit ihrem Duft nach Laub, Nadelwald, Jod, altem Holz, Apotheke und Blüten und dem Geschmack nach Bitterschokolade, Teer, Waldboden und Preiselbeeren.

Pinotage – Eingeborener aus Südafrika

Der Pinotage, 1925 aus Pinot noir und Cinsault gezüchtet, ist Südafrikas ureigene Rebsorte. Die aus ihr erzeugten Gewächse zählen heute zu den interessantesten Rotweinen des Landes. Lange Zeit wurde Pinotage mit anderen Sorten gemischt, aber mittlerweile hat sich die reinsortige Variante durchgesetzt.

Der Wein erinnert im Duft oft an Pflaumen, Veilchen und Trockenfrüchte und schmeckt nach Brombeeren und Schokolade. Allerdings nur, wenn Topwinzer Toptrauben verarbeiten.

Sangiovese – kein Chianti ohne ihn

Auch der Sangiovese, Hauptbestandteil des Chianti, ist ein Grenzfall. Wir könnten ihn ebenso gut als Bordeaux-Typ einordnen, weil seine Gerbstoffe so dicht und kraftvoll sein können. Aber wir halten ihn an dieser Stelle für richtig, denn wenn die Sangiovese-Trauben auf den hohen Hügeln der Toskana wachsen, fällt der Wein rubinrot, säurebetont und entsprechend transparent aus. Es ist kein fleischiger Wein.

Sangiovese spielt in einer ganzen Reihe von Weinen eine tragende Rolle. Herausragende Vertreter sind neben den Weinen aus der Kernzone Chianti Classico der Vino Nobile di Montepulciano und der Brunello di Montalcino. Letzterer ist weltberühmt und entsprechend teuer geworden. Viel zu teuer, wie wir finden. Meist liefern andere Appellationen für weniger Geld die interessanteren Weine, zum Beispiel Vino Nobile di Montepulciano.

Valpolicella – Rosso misto

Im Tal der vielen Keller, im *Val-poli-cella*, wächst auf kalkhaltigen Terrassenlagen ein eleganter Rotwein, der aufgrund seines geschädigten Rufs leider völlig unterschätzt wird. Der Valpolicella setzt sich aus den Rebsorten *Corvina*, *Rondinella* und *Molinara* zusammen und kann wunderbar duftig, fruchtig und delikat sein. Die besten Vertreter stammen aus dem Bereich Valpolicella-Classico. Aus Trauben, die über den Winter auf Strohmatten angetrocknet werden, keltern die Winzer den *Amarone*, einen überaus konzentrierten, alkoholstarken, nach süßen Trockenfrüchten, Assamtee und rostigem Eisen duftenden Rotwein.

Im Bereich *Bardolino* am Gardasee wächst ein gleichnamiger Rotwein, der wie der Valpolicella ein Mix aus mehreren Rebsorten ist und ihm daher sehr ähnelt: transparent in der Farbe, fruchtig, delikat, vielschichtig und mit wenig Gerbstoff.

Trollinger, Vernatsch, Portugieser

Was wäre die Rotweinwelt ohne ihre leichten Durstlöscher? Sie sind überaus beliebt, warum also sollten wir nicht über sie berichten? Zuerst der *Trollinger* aus Württemberg. Zugegeben, es ist ein Wein, der recht dürftig ausfallen kann – zu hohe Erträge in Tateinheit mit Maische-Erhitzung werden ihm zum Verhängnis.

Trotzdem legen wir hier ein gutes Wort für ihn ein. Württembergische Spitzenproduzenten sind dabei, ihn aus der Schmuddelecke zu holen, und beweisen, dass sich aus dem Trollinger sehr wohl etwas Anständiges machen lässt. (Tipp für Leute mit einem Faible für Ausgefallenes: *Muskattrollinger*.)

In Südtirol heißt der Trollinger *Vernatsch*. Daraus wird *Kalterer See* und *Sankt Magdalener* gemacht. Im Letztgenannten ist noch eine Portion dunkler *Lagrein* enthalten. Wir gestehen: Nach vielen enttäuschenden Exemplaren sind wir inzwischen zu Freunden dieser Sorte geworden. Gerade im Sommer, wenn es darum geht, einen unkomplizierten Tropfen auf den Tisch zu stellen, der einfach nur gut zu trinken ist, können diese Rotweine herrlich sein.

Auch der deutsche *Portugieser* gehört in diese Gruppe. Immer mehr Winzer in der Pfalz, in Rheinhessen, Baden und Württemberg sind bemüht, aus dieser Sorte einen ernsthaften Rotwein zu erzeugen.

Weißherbst und Rosé – Schneeweißchen und Rosenrot

Wenn aus roten Trauben ein ganz heller Wein gemacht wird, nennt man ihn Rosé. Im Grunde eignen sich fast alle roten Sorten – es gibt aber solche, die geradezu ideal sind: Spätburgunder, Grenache, Portugieser, um nur einige typische Beispiele zu nennen. Gelungene Rosés zeichnen sich durch Aromen von Roten Johannisbeeren, Erbeeren und Kirschfrucht aus. Sie stammen aus Anjou (Loire), dem Roussillon (Südfrankreich) und Tavel (Rhône) sowie aus Baden und der Pfalz, dem Burgenland und aus Norditalien. Doch eigentlich werden in allen Weinbaugebieten gute Rosés erzeugt.

Dornfelder und Zweigelt

Es war einmal eine Rebsorte, die wurde gezüchtet, um hellen, dünnen Rotweinen zu einer tiefdunklen Farbe zu verhelfen – schon ein paar Tropfen genügten und der Farbton stimmte. In Windeseile eroberte sie die Herzen der deutschen Winzer, denn sie war so schön einfach in Rotwein zu verwandeln. Weil auch ihr Fruchtfleisch rot war, beschenkte sie selbst weniger begabte Kellermeister mit beeindruckend dunklen, ja, fast schwarzen Weinen. Von nun an konnten auch Weißweinwinzer, die von Rotweinerzeugung keine Ahnung hatten, einen Rotwein keltern. Es war wie an der Börse: Der *Dornfelder*-Boom trieb den Kurs nach oben, immer mehr Winzer setzten auf die Sorte – bis es zum Crash kam und der Preis abtauchte. Kein Wunder, denn die Winzer hatten den Dornfelder nie als hochwertigen Wein behandelt. Also rissen sie eines Tages fast alle ihre Dornfelder-Reben wieder aus.

In Österreich wird seit einigen Jahrzehnten die Rebsorte *Zweigelt* angebaut – ebenfalls eine Neuzüchtung mit ähnlichen Defiziten. Aber im Gegensatz zu ihren deutschen Kollegen schaffen es hier sehr viele Weinhauer, aus dem Zweigelt wirklich feinen, fruchtigen Rotwein zu erzeugen. Diese Sorte hat sich im Burgenland zu Recht einen Spitzenplatz erobert.

Mit Wein leben

Was war zuerst da?
Die Henne oder das Ei?
**Wahrscheinlich das Ei.
Es ist die einfachere Form.**

Genau so verhält es sich mit der zweitwichtigsten Sache nach dem Wein, den Weinglä-
sern. Je klarer die Form, desto besser. Ein gutes Weinglas ist mehr als ein Trinkgefäß, es
ist eine unerlässliche Voraussetzung, um Wein zu empfinden, ihn in seiner ganzen Komplexität schmecken und riechen zu können. Es sollte aus ungeschliffenem Glas bestehen
und kristallklar sein.

Der wichtigste Teil eines guten Weinglases ist der Kelch. In ihm müssen sich alle
Aromen voll entfalten können. Er sollte sich deshalb nach oben hin leicht verjüngen und
möglichst groß sein. Je größer der Kelch ist, desto leichter kann man die Düfte eines
Weins erkennen und zuordnen.

Deine Freunde werden dich um deine wunderschönen Gläser beneiden und dich dafür bewundern, dass du deinen inneren Schweinehund überwunden und diese Investition getätigt hast. Wir empfehlen, pro Glas von einem Preis um die acht Euro auszugehen. Vielleicht lässt sich das ja auf die Wunschliste für Weihnachten oder den nächsten Geburtstag setzen.

Das im Handel als Chardonnay-Glas angebotene Modell ist in der Regel auch für alle anderen Weißweine geeignet. Für den Rotwein nimmt man am besten ein Bordeaux-Glas. Damit du lange Freude an deinen Präzisionswerkzeugen hast, solltest du sie entweder mit der Hand spülen oder mit dem Schonprogramm im Geschirrspüler – am besten bei niedriger Temperatur und nicht zusammen mit verunreinigtem Geschirr.

Ist doch Regal

Warum solltest du, wenn du schon so schlichte und gleichzeitig vollkommene Weingläser besitzt, deine Weinflaschen noch länger provisorisch zwischen Staubsaugerbeuteln und Toilettenpapier verstauen? Wo es doch so schöne Weinregale gibt. Sie bieten den besten Anreiz, sich auch gleich ein kleines Weinlager anzulegen, denn es gibt nichts Traurigeres als gähnende Leere auf den Regalböden, auf die doch eigentlich feiner Wein gehört. Ein paar Flaschen Riesling. Ein paar Flaschen Chardonnay. Ein paar Flaschen Bordeaux. Ein paar Flaschen Pinot noir. Und natürlich ein paar Flaschen von ihren besten Freunden. Das müsste doch zu schaffen sein!

Erkenne die Möglichkeiten

Wir empfehlen dir, dein Weinregal erst zu erwerben, nachdem du dich zum Kauf der Weingläser aufgerafft hast. Das Weinregal ist nämlich viel billiger. Okay, es heißt nicht Billy, aber es stammt trotzdem von diesem schwedischen Naja-du-weißt-schon. Du brauchst einmal das Regal Gorm zu 17,99 Euro und sechsmal das dazugehörige Flaschenbord Gorm zu fünf Euro. Macht zusammen rund fünfzig Euro und reicht locker für ebenso viele Flaschen.

Schon bald kannst du dir gar nicht mehr vorstellen, wie es überhaupt möglich war, ein Leben ohne Weinregal zu fristen. Jetzt ist es plötzlich die reine Freude, Wein zu kaufen oder Flaschen umzuschichten, damit Platz für Neues entstehen kann. Und darum geht es doch im Leben! Das Regal kann übrigens auch einen Platz in deiner Wohnung bekommen, es muss nicht zwingend im Keller stehen. Der ist natürlich besser geeignet, vor allem, wenn du besonders gute Weine lange aufbewahren möchtest, um sie in Würde reifen und altern zu lassen. Doch das Klima in der Wohnung (am besten ein dunkler

Ort ohne Heizung) ist nicht grundsätzlich weinfeindlich. Wein ist keine Mimose, die ihr Leben aushaucht, sobald man sie nur einmal schief angesehen hat.

Weinhändler

Auch wenn die meisten unserer Mitbürger von den günstigsten Weinen geradezu magisch angezogen werden, geben sie dafür immer noch einen Haufen Geld aus. Denn schlimmer als der Wein aus dem Discounter ist das Geld, das er gekostet hat. Deshalb ist das persönliche Gespräch mit einem Weinhändler die beste Versicherung, wenn es darum geht, in eine Wein-Erstausstattung zu investieren. Er übernimmt die persönliche Verantwortung für seine Ratschläge, er muss für sie geradestehen. Im Discounter verhallt deine Klage ungehört, kein Mensch interessiert sich für dein Problem. Der Weinhändler hingegen wird dich wie ein rohes Ei behandeln, wenn du dich ihm anvertraust.

Vertrauen

In diesem Wort steckt das Geheimnis erfolgreicher Weinkommunikation. Begnadete Winzer erzeugen außergewöhnliche Weine, es braucht aber auch leidenschaftliche Händler, die ein Gespür dafür haben, die richtigen Weine mit den richtigen Menschen zusammenzubringen. Als Weinnovize muss man sich zunächst überwinden, aber wenn man eine Vorstellung davon hat, was man will, ist es eine Win-Win-Situation. Ein passionierter Weinhändler wird erkennen, was jetzt das Beste ist: reden, Weine aussuchen, probieren. Es wird Flaschen geben, die er nicht aufmachen will oder kann, weil sie für einen Probeschluck zu teuer sind. Aber um die geht es ja am Anfang auch gar nicht.

Genau aus diesem Grund haben wir uns auf unsere vier Weinstile beschränkt, denn im Gespräch wird der Weinhändler innerhalb kürzester Zeit verstehen, was du willst. Und jeder Wein, den er dir empfiehlt, kann bei dir zu Hause sein Versprechen einlösen.

Eine Regal-Erstausstattung könnte sich aus jeweils einigen Flaschen Riesling, Chardonnay, Bordeaux und Pinot noir zusammensetzen, wobei es sinnvoll ist, andere Jahrgänge und andere Weine laufend nachzukaufen. Nur so ergibt sich mit der Zeit eine Vervielfältigung der Möglichkeiten.

Zum Schluss noch eine wichtige Regel: Du solltest immer mehr als eine Flasche pro Sorte kaufen. Man lernt mehr über einen Wein – und über sich selbst –, wenn man über einen längeren Zeitraum erleben kann, wie er sich entwickelt und verändert, wie er reift und altert. So kannst du am besten erfahren, welcher Wein dir in welchem Zustand am meisten gefällt. Mit einer Einzelflasche funktioniert das nicht.

Wein beim Erzeuger kaufen

Der Weinkauf direkt beim Weingut ist natürlich die beste Form des Weinerwerbs. Dabei lernst du nicht nur den Winzer und die Landschaft, in der der Wein entsteht, persönlich kennen, der Mehrwert ergibt sich auch aus der Tatsache, dass es kaum günstiger geht. In den deutschen Weinregionen sind die Winzer auf den Direktverkauf eingestellt und verfügen meist über spezielle Probierzimmer, Preislisten und Probeflaschen. Man kann mit ihnen nach Herzenslust probieren und diskutieren – und natürlich Fragen stellen. Am besten, du meldest dich vorher an.

Reife Leistung

Wird Wein durch Lagerung besser? Diese Frage beschäftigt viele Weinliebhaber. Die meisten Weine sind gemacht, um jung getrunken zu werden, also in den ersten zwei, drei Jahren. Dann haben sie am meisten Sex-Appeal, sind erfrischend, fruchtig und schön saftig. Das gilt für weiße wie für rote Weine.

Eine kleinere Gruppe profitiert von einer längeren Lagerung bei möglichst gleichbleibender Temperatur. Dazu gehören sehr gerbstoffhaltige Rotweine wie Bordeaux oder Barolo, deren Gerbstoffstruktur sich während der Lagerzeit glättet und harmonisch in das Gesamtgefüge des Weins einbindet. Aber auch Weißweine können gewinnen, etwa extraktreiche, komplexe weiße Burgunder, trockene Rieslinge oder sehr süße, hoch konzentrierte Weine im Auslesestil wie zum Beispiel deutsche Beeren- und Trockenbeerenauslesen und französischer Sauternes.

Weinkühlschrank

Eine tolle Sache – wenn du bereit bist, vierhundert Euro in ein Gerät zu investieren, das etwa dreißig Flaschen Wein eine voll klimatisierte Heimat bietet. Für sechzig Flaschen fassende Klimaschränke muss man mit rund sechshundert Euro rechnen. Hinzu kommt der Stromverbrauch.

Kork & Co.

Die Flaschenverschlüsse sorgen gegenwärtig für eine Revolution in der Weinwelt. Innerhalb weniger Jahre ist die ungebrochene Beliebtheit des Naturkorkens einer ganz neuen Generation alternativer Verschlüsse gewichen. Erst belächelt, finden sie inzwischen immer öfter Verwendung. Ihre Akzeptanz steigt, weil durch sie dem Korkteufel endlich der Garaus gemacht wird. Winzer und Weintrinker wollten die steigende Zahl von Korkfehlern nicht länger hinnehmen, schon deshalb nicht, weil man Wein nicht so einfach umtauschen kann wie andere fehlerhafte Produkte. Es gehörte zum Alltag der Weinfreunde, Flaschen mit dem Korkenzieher zu öffnen und dann enttäuscht festzustellen, dass sie wie nasse alte Kartons oder muffige Keller riechen.

Noch schlimmer ist, wenn sich nur vermuten lässt, dass der Wein ein Korkproblem hat. Man kann zwar lange darüber diskutieren, aber der Spaß am Genuss ist mit dem Verdacht auf Kork dahin. Deshalb begrüßen wir die Tendenz, immer mehr Weinflaschen mit Drehverschlüssen zu versehen. Anfangs waren es nur Weine, die für den baldigen Verbrauch bestimmt waren, doch inzwischen sind es zunehmend hochwertigere Qualitäten.

Von Kunststoffstopfen halten wir nicht besonders viel. Sie können die Flaschen nicht dauerhaft dicht verschließen und stehen unter dem Generalverdacht, ihrerseits fremde Aromen in den Wein einzuschleusen. Außerdem finden wir das Ritual mit dem Korkenzieher nur bei echtem Kork wirklich stilecht. Auch den Glasverschluss oder den Edelstahl-Kronenkorken halten wir für eine akzeptable Alternative.

Und jetzt: ALLE ZUSAMMEN!

Wein, wie wir ihn verstehen und lieben, lässt sich nicht isoliert betrachten. Wenn wir über unser persönliches Verhältnis zum Wein nachdenken, spielen seine sozialen Aspekte eine ebenso bedeutende Rolle wie die funktionalen. Nirgendwo zeigt sich das besser als beim Essen. Das macht gemeinsam mehr Spaß als allein. Und erst in der Gemeinschaft wird der Wein zu dem, was er ist: ein inspirierendes Genussmittel, in dem sich mehr entdecken lässt als in irgendeinem anderen Getränk.

Manchmal passt sich der Wein auf wundersame Weise den Speisen an und schnurrt dazu wie ein Kätzchen. Bei anderen Gelegenheiten fährt er seine Krallen aus und sträubt sich gegen alles, was auf dem Tisch steht. Manchmal sind sich alle einig, dass dieser oder jener Wein nicht passt. Oft gibt es aber auch geteilte Meinungen. Es werden leidenschaftliche Plädoyers gehalten oder Klagen vorgebracht, es gibt Begeisterung und Enttäuschung. Und dies meistens bei Weinen, von denen man es am wenigsten erwartet hätte.

Das Leben mit Wein ist aufregend wie eine Achterbahn.

Wir sollten es miteinander teilen.

Trink Wein mit Menschen, die dir am Herzen liegen.

Und erweitere diese Gruppe
bei jeder sich bietenden Gelegenheit!

Bezugsadressen

**Forster Ungeheuer Riesling trocken
(Großes Gewächs), Pfalz**
Weingut Reichsrat von Buhl
Weinstraße 16
67146 Deidesheim
Telefon (0 63 26) 96 50 19
www.reichsrat-von-buhl.de

oder

Villa Vinum
Große Bleiche 44
55116 Mainz
Telefon (0 61 31) 21 12 07
www.villavinum.de

**Winninger Uhlen Riesling
(Erste Lage), Mosel**
Weingut Heymann-Löwenstein
Bahnhofstraße 10
56333 Winningen
Telefon (0 26 06) 19 19
www.heymann-loewenstein.de

oder

K & U Weinhalle
Nordostpark 78
90411 Nürnberg
Telefon (09 11) 52 51 53
www.weinhalle.de

**Chablis Premier Cru »Fourchaume«,
Burgund
Domaine William Fèvre**
Belvini
Martin-Luther-Straße 13
01099 Dresden
Telefon (03 51) 2 13 04 00
www.belvini.de

**Meursault, Burgund
Bouchard Père & Fils**
WeinUnion
Eichenstraße 9 G
56626 Andernach
Telefon (0 26 32) 30 03 57
www.weinunion.de

**Château Gloria
Cru Bourgeois, Saint-Julien, Bordeaux**
Unger Weine
Aschauer Straße 3-5
83112 Frasdorf
Telefon (0 80 52) 95 13 80
www.ungerweine.de

**Château Larcis Ducasse
Grand Cru Classé, Saint-Emilion, Bordeaux**
Gute Weine Lobenberg
Tiefer 10
28195 Bremen
Telefon (04 21) 70 56 66
www.gute-weine.de

**Chambolle-Musigny, Burgund
Domaine Ghislaine Barthod**
Weine W. Wuttke
Kreisstraße 134
66128 Saarbrücken
Telefon (06 81) 70 08 03
www.weine-wuttke.de

**Gevrey-Chambertin, Burgund
Domaine Bernard Bachelet et Fils**
Mövenpick Wein GmbH
Martener Straße 525
44379 Dortmund
Telefon (02 31) 9 65 15 60
www.mövenpick-wein.de

Fabian und Cornelius Lange

haben sich durch herausragende Beiträge zu den Themen Essen und Wein einen Namen gemacht. Als kritische und unabhängige Autoren und Journalisten publizierten sie eine Reihe von Büchern. Darüber hinaus sind sie als Weinkorrespondenten für das Magazin STERN tätig, in dem auch ihre Reportagen und Kolumnen erscheinen, ebenso wie in der FRANKFURTER ALLGEMEINEN SONNTAGSZEITUNG. Zudem schreiben die Weinexperten für VINUM und MERUM und produzieren Beiträge für das Fernsehen.

© 2009 GRÄFE UND UNZER VERLAG GmbH
Grillparzerstr. 12, 81675 München

HALLWAG ist ein Unternehmen der
GRÄFE UND UNZER VERLAG GmbH, München,
GANSKE VERLAGSGRUPPE
www.hallwag.de
leserservice@graefe-und-unzer.de

Projektleitung: Anne-Sophie Zähringer
Lektorat: Eva Meyer
Gestaltung Cover und Illustrationen: FUENFWERKEN
DESIGN AG, Wiesbaden
Satz: Bernd Walser Buchproduktion, München
Herstellung: Markus Plötz
Druck: Appl, Wemding
Bindung: Conzella, Pfarrkirchen
Foto: Laif/Gaby Gerster

ISBN 978-3-8338-1674-1

1. Auflage 2009

Liebe Leserin und lieber Leser,
wir freuen uns, dass Sie sich für ein
HALLWAG-Buch entschieden haben. Mit
Ihrem Kauf setzen Sie auf die Qualität,
Kompetenz und Aktualität unserer
Bücher. Dafür sagen wir Danke! Ihre
Meinung ist uns wichtig, daher senden
Sie uns bitte Ihre Anregungen, Kritik
oder Lob zu unseren Büchern. Haben
Sie Fragen oder benötigen Sie weiteren
Rat zum Thema? Wir freuen uns auf
Ihre Nachricht!

Wir sind für Sie da!
Montag – Donnerstag: 8.00 – 18.00 Uhr
Freitag: 8.00 – 16.00 Uhr

Tel.: 0180-5 00 50 54*
Fax: 0180-5 01 20 54*
*(0,14 €/Min. aus dem dt. Festnetz/
Mobilfunkpreise können abweichen)
E-Mail:
leserservice@graefe-und-unzer.de

P.S. Wollen Sie noch mehr Aktuelles
von HALLWAG wissen, dann abonnieren
Sie doch unseren kostenlosen Genuss-
Newsletter.

GRÄFE UND UNZER VERLAG
Leserservice
Postfach 860313
81630 München